中国文房四宝小史

赵权利 著

中国长安出版社

图书在版编目（CIP）数据

中国文房四宝小史 / 赵权利著. -- 北京：中国长安出版社，2014.10

ISBN 978-7-5107-0816-9

Ⅰ. ①中… Ⅱ. ①赵… Ⅲ. ①文化用品 - 文化史 - 中国 Ⅳ. ①K875.4-09

中国版本图书馆CIP数据核字（2014）第246215号

中国文房四宝小史

赵权利 著

出版：中国长安出版社
社址：北京市东城区北池子大街14号（100006）
网址：http://www.ccapress.com
邮箱：capress@163.com
发行：中国长安出版社 全国新华书店
电话：（010）85099947 85099948
印刷：北京骏驰印刷有限公司
开本：850mm × 1168mm 32开
印张：5.5
字数：75千字
印数：3000册
版本：2015年1月第1版 2015年1月第1次印刷

书号：ISBN 978-7-5107-0816-9
定价：22.80元

序

旧有联曰："论古不求秦以下，游心常至物之初。"缘秦王同文而可志史也。史家察天地，理阴阳，观文献，审大要，得以知鉴戒，别善恶；上举经纶，下张子集，以文传之则为史，故史乃言行之记也。以此心察诸物，亦有言行也。物之言者，名、象、迹也；物之行者，器、用、藏也。于无声中见诸言，于无道中体诸行，犹不言之至道，希声之大音，亦可贵而难能也。故又有联曰："高怀见物理，和气得天真。"善哉此言，可见和气之高怀，方可识物理之天真也。以史论物者，亦如烹小鲜而治大国，其道一也。

弟子赵权利，闲暇之余钩沉典籍，成此《文房四宝简史》，予亦欣喜其有所得，即书数语以为序。时乙酉深秋。

陈绶祥

目 录

壹　笔史

一、笔的初创

作为中国书画最重要的用具，毛笔可以说是与人类最原始的书写和绘画活动同步出现的。史前石器时代遗留下来的各类绘画遗迹，表明当时人类已经能够使用原始的毛笔，或者类似于毛笔的绘画用具了。那时，与人类简单而原始的劳动工具一样，毛笔实际上是在与硬笔共同使用的过程中，经过原始时期中国人的祖先逐步选择和改进的最适于绘画的用具。史前绘画既无明确类别，图形也较简单，实际上用笔也无专用和固定形制。因史前时期年代久远，当时笔的发生与初步发展状况，几无史料可考，唯可依据仅有的传说及近世考古发现的原始彩陶纹饰、少量原始岩画及壁画实物等图画笔迹加以推测。

《物源》载："虞舜造笔，以漆书于方简。"史前绘画用笔，目前尚无实物可证。在古代汉语中，所谓"笔"，即指毛笔，此处虞舜所造也应当为毛笔一类。由此可以推测，作为具有一定形制的毛笔的出现，或者说原始毛笔形制的初步形成，是在新石器时代晚期虞舜时期。实际上，自从旧石器时代晚期有了绘画，肯定就产生了绘画用笔。根据当时陶器纹饰、岩画笔迹等推测，史前绘画用笔，可能有硬笔和软笔两类。以彩陶纹饰为例，陶器表面为较粗糙画地，新石器时代中期以前，大多陶器纹饰笔迹光洁整齐，无毛笔划过的绺状痕迹，推测可能是使用有一定柔性的植物秸秆所制画笔等用具或手指所画，这类用具可以归为硬笔类。从新石器时代晚期马家窑文化各地彩陶看，其中大量纹饰则存在毛笔划过后的分叉和绺状痕迹，这种笔迹应当是早期毛状笔头所画，可以归为软笔类。由此，我们可以初步确认毛笔在其创始阶段的应用状况。当然，在原始时期的绘画活动过程中，笔的使用具有很大的随机性，应该不存在任何限定，有的图画可能硬笔类与软笔类用具结合使用。至于史前毛笔形制，从出土的战国及汉代毛笔推测，可能为将动物毛发捆扎于木棒、竹竿外端的简单制品。但它的发明，却体现了这个地域的早期人类在较为精细的劳动过程中的智慧创造，并使之成为具有规范形制的中国毛笔制造的滥觞。

先秦时期是中国文化从成长到成熟的重要阶段，国家制度出现并初步完善，礼教发达，文字进步，绘画也作为礼制教化的工具被提倡和大量应用，书画用笔的制造随之也有了较大进步。这时毛笔应用已较普及，至战国时，毛笔制作也趋于精致。主要生活在以黄河流域为中心的中华民族在长期的生产劳动过程中，逐步形成了具有本民族特性的认识自然万象、把握生态规律的方式，逐渐培养了与自然相互协同的生存观念，并进一步形成阴阳、刚柔等易学思想。在此过程中，这个民族的人民对绘画用笔也做出了自己更具有文化性的选择，其结果是：放弃硬笔，使用软笔。因此，自从新石器时代晚期毛笔创始以后，软质的毛笔便逐渐取代了硬质笔而得到普遍应用。近代考古中，殷商时期大量的陶器和甲骨上发现有以红或黑色书写的痕迹，如一九三二年河南安阳殷墟出土一陶片，上书一“祀”字，笔锋清晰；一九三六年出土一件朱笔书写的陶器和刻有文字的甲骨片，有的甲骨片上发现有漏刻的用毛笔书写的笔迹。而战国时期帛画《龙凤仕女图》和《人物驭龙图》，画中线条有扁有圆，并有粗细变化，显然也为软质的毛笔所画。由此可见，在先秦时期，毛笔已大量应用于书写文字和绘制图画。当时的毛笔样式仍较原始，但制作已比较精良。据《文物参考资料》一九五四年十二期刊《长沙左家公山的战国木椁墓》报告，一九五四年六月，湖南长沙左家公山战国晚期木椁墓出土毛笔一只，为目前所见最早的毛笔实物，称为“长沙楚笔”。该笔套在一只小竹管里，杆长十八点五厘米，径零点四厘米，毛长二点五厘米。该笔头用料为上好的兔箭毛，选料已十分精致。笔头仍用较原始的方法做成，即将毛围在杆的一端，然后用丝线缠住，外涂生漆。这种做法，仍然保持着原始毛笔的基本形制。另外，河南信阳长台关战国楚墓也出土有类似毛笔一只。（图B－1）

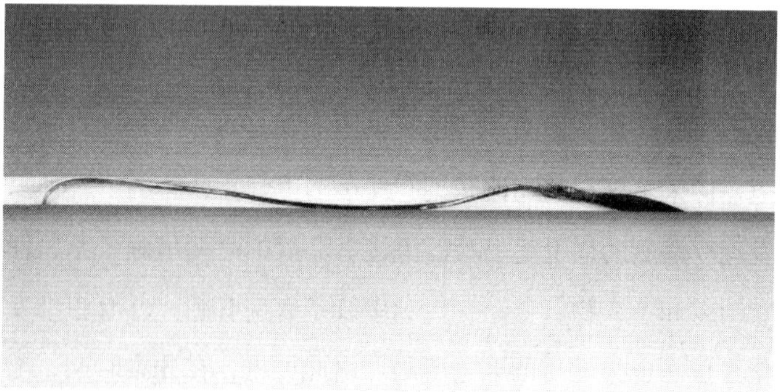

图B–1　长沙楚笔 中国国家博物馆藏

二、形制的革新和披柱法的创始

春秋战国以前，各地毛笔名称不一。楚称“聿”，吴称“不律”，燕称“弗”，秦称“笔”。秦统一六国后，始规范名称曰“笔”。

毛笔形制的革新，主要指笔头与笔杆连结方式的变化。这种变化发生在战国、秦汉之交。战国以前，笔头做法为将毫毛裹在笔杆外围，以丝线捆扎，涂漆加固，是一种较原始的方法。这种方法所制毛笔，笔头中心因包裹笔杆一端而呈中空状态，使用时笔头容易分叉。秦以后，改变了这一方式，开始将笔杆一端掏空，将笔头纳入此空腔中，再加以固定。作为制作方法这一看似简单的变化，并没有很大程度地改变毛笔的外观样式，但其中所包含着的人们在毛笔使用过程中对于书写和绘画笔法渐趋精致化的要求与掌握，以及由此所体现出的智慧创造，却为以后毛笔的发展确立了基本形制和制造工艺规范。毛笔的这种形制及其功能，对于中国书画的创造性发展，乃至对于中国文化发展的贡献，却是难以估量的。这种形制变化之后的毛笔，近些年在考古发掘中有所发现。如一九七五年十二月，湖北云梦睡虎地秦始皇三十年墓出土毛笔三只，外套竹制笔管，笔杆亦竹制，上端削尖，下端较粗，镂空成毛腔，笔头即为纳入腔内的新形制。

可见，将笔头纳入腔内的形制转变，秦晚期已经完成了。在此以前，这种工艺当有一逐步形成和转变的过程，但目前尚无更早的实物以资证。从出土的汉代毛笔看，将笔头纳入腔内也有两种方式：一种为将杆的一端镂空，纳入笔头，以生漆衔接，有的再用丝线缠绕加固。如一九九五年江苏连云港海州网疃汉墓出土木杆残笔和一九七五年湖北江陵凤凰山西汉初期墓出土毛笔，即属于这种类型。另一种为将笔杆纳笔头的一端打眼，再一分为四劈开，纳入笔头后再以丝线缠扎，并用大漆涂饰。如一九三一年内蒙古索果卓尔出土东汉初年居延笔、一九八五年四月江苏连云港陶湾黄石崖西汉中晚期西郭宝墓出土毛笔、一九九零年甘肃敦煌汉代悬泉置遗址出土西汉时期毛笔等，即属这种类型。此外，纳入笔头有深有浅，浅者一般不足一厘米，深者二厘米左右。如连云港网疃汉墓出土毛笔，其中一只笔头总长四点一厘米，纳入腔内为二厘米。这种将笔头纳入腔内较深的制作方法，可以增加笔头蓄水量，为快速和大量书写带来了方便。（图B-2）

先秦时期，甲骨、金石是主要记事材料之一，此时毛笔只是作为刻画、铸造的辅助工具来使用。到了秦汉，毛笔

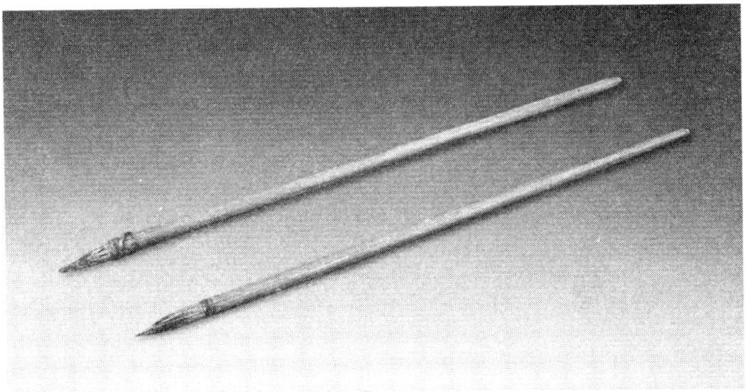

图B-2　西汉笔 甘肃省考古研究所藏

作为直接用于书写的工具已大量使用，因此人们对毛笔的使用性能也有了更高要求。从出土的战国及秦汉时期毛笔实物看，当时制作毛笔时选毛已十分精细，除用兔箭毛以外，并开始选用羊毛、鹿毛、狸毛、狼毛等。由于汉字形体和笔画的演变，书写时要求笔头既劲健、富于弹性，又要蓄水量大。同时，大量壁画的绘制，对毛笔也提出了同样的要求。而披柱法的创始，正是适应这一要求而产生的。

所谓披柱法，即选用较坚硬的毛作笔头中心，形成笔柱，外围覆以较柔软的披毛。其制作方法古籍多有较详细记载，如后人记载王羲之曾著《笔经》，其中记述毛笔制法说："先用人发杪数十茎，杂青羊毛并兔毳，裁令齐平，以麻纸裹，柱根令治。次取上毫，薄薄布柱上，令柱不见，然后安之。" 北魏贾思勰《齐民要术》也有关于毛笔披柱法制作的详细记载。这样制成的毛笔笔头既劲健，又蓄水量大，适合快速、大量书写，并适于绘制大幅壁画和勾画较长的线条，于是迅速得到推广应用，成为此后我国毛笔制作基本的工艺方法之一。世有关于秦始皇时名将蒙恬造笔的传说和记载。实际上，关于蒙恬造笔的说法不一，但从可据的文献及目前出土毛笔实物都可证明，蒙恬并不是笔的创始者，而是笔的改良者。如晋崔豹《古今注》曰："秦以前已有笔矣，盖诸国或未之名，而秦独得其名，恬更为之损益耳。"唐徐坚《初学记》等亦持此说。崔豹《古今注》又曰："昔蒙恬之作秦笔也，柘木为管，以鹿毛为柱，羊毛为披，所谓苍毫，非谓兔毫竹管也。"柘木为一种坚实致密的木材，可知其时制笔杆，不仅用竹，而且用木。而"鹿毛为柱，羊毛为披"，所用正是披柱法。这种方法从出土汉代毛笔也得到证实。如一九七二年甘肃武威磨咀子汉墓出土毛笔一只，杆颖均完整，笔杆竹制，其上隶书阴刻"白马作"三字，笔头

中心为黑紫色毛制成，外覆狼毫披毛，选料考究，制作精细，为汉代出土毛笔中较完整的一只。（图B-3）

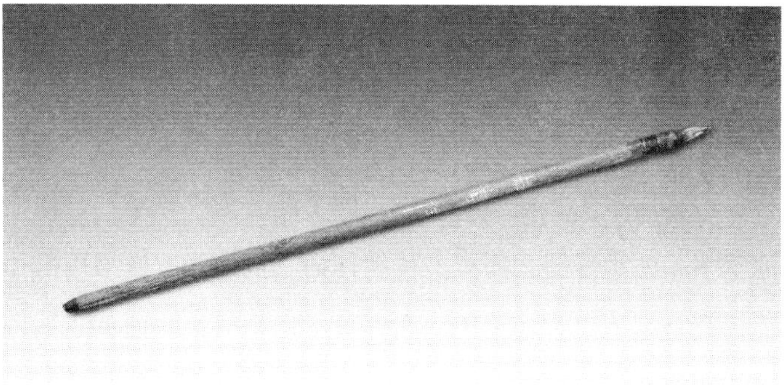

图B-3　西汉“白马作”笔 甘肃省博物馆藏

秦汉毛笔除笔头选料考究，制作精细外，并开始注重笔的装饰。晋葛洪《西京杂记》记西汉天子笔云：“天子笔管，以错宝为跗，毛皆以秋兔之毫，官师路扈为之。以杂宝为匣，厕以玉璧翠羽，皆值百金。”《文房四谱·笔谱》记曰：“傅玄云：汉末一笔之柙，雕以黄金，饰以和璧，缀以隋珠，文以翡翠。非文犀之桢，必象齿之管，丰狐之柱，秋兔之翰。用之者必被珠绣之衣，践雕玉之履。”可见雕饰之华丽。秦汉毛笔一般皆配以笔套、笔匣，笔套多竹制，笔匣多髹漆彩绘，美观大方。

此外，秦汉时期还流行“簪笔”的风尚，即士人多将毛笔插于发中，作为一种礼仪装饰。因此，秦汉毛笔笔杆端部一般都比较细，成为这一时期毛笔形制的特征之一。

东汉时期，张芝为一代制笔名家。他名伯英，敦煌渊泉人，后移居华阴，精草书，被三国韦诞誉为“草圣”。他临池学书，池水尽墨，历史上传为佳话。世传张芝作书用鼠须笔，其自制笔也称名笔史。南齐萧子良赞曰：“伯英之笔，穷神尽意。”其制笔方法，未见书传。

三、“韦诞笔”及制笔工艺的精进

自秦汉时期毛笔形制确立并得到发展以后，三国时期韦诞又将制笔工艺向前推进了一步。

韦诞，字仲将，三国魏人，家京兆（今陕西西安），善书。曾官武都太守，后以能书留补侍中。对书写用笔、墨、纸等都非常讲究，并擅长自制笔和墨，其所制笔人称“韦诞笔”。具体制法，北魏贾思勰《齐民要术·笔法》中有较详细记载。其曰：“先次以铁梳兔毫及羊青毛，去其秽毛，盖使不髯茹。讫，各别之，皆用梳掌痛拍，整齐毫锋端、本，各作扁，极令均，调平好用。衣羊青毛，缩羊青毛去兔毫头下二分许，然后和扁，卷，令极圆。讫，痛颉之，以所整羊毛，中或用，衣中心，名曰笔柱，或曰墨池、承墨。复用毫青，衣羊毛外，如作柱法，使中心齐，亦使平均。痛颉，内管中。宁随毛长者使深，宁小不大，笔之大要也。”由这段记述可知，韦诞制笔的基本方法仍为当时较盛行的披柱法，即主要使用兔毫和青羊毛，两者兼而用之，以兔毫为笔柱，青羊毛为披。其制作过程从选毛、拍毛、整齐、卷裹，到分层匀扎、装套等，反映了当时较为先进的制笔工艺流程。

两晋时期，制笔工艺在毫毛采选、配伍及技术上又有提高和改进。大书家王羲之也熟知制笔法，其《笔经》记曰：“凡作笔须用秋兔。秋兔者，仲秋取毫也。所以然者，孟秋去夏近，则其毫焦而嫩。季秋去冬近，则其毫脆而秃。惟八月寒暑调和，毫乃中用。其夹脊上有两行毛，此毫尤佳。协际扶疏，乃其次耳。”又曰：“赵国平原广泽，无杂草木，唯有细草，是以兔肥，肥则毫长而锐，此则良笔也。”其毫毛选采已极为讲究，积累了丰富经验。《笔经》又曰：“世人咸云兔毫无优劣，笔手有巧拙。”说明了对制笔技艺的高

图B-4　东晋前凉笔 甘肃省考古研究所藏

度重视。如毫毛采好后，要以纸裹石灰汁，将毛用微火煮，稍沸，以去其碱。制作时，先将各种毫毛按需要进行配伍、整齐、分类、扎头，然后安装。毛笔制成后，又须“蒸之令熟三斗米饭，须以绳穿管，悬之水器上一宿”，然后可用。其对毛笔制作工艺及性能的要求已十分严格。这种精工制作的毛笔，既是当时汉字笔画变形及绘画技法发展的需要，同时又反过来对书画笔法的发展起到了一定的促进作用。一九八五年在甘肃武威柏树乡旱滩坡出土东晋前凉时期毛笔一只，笔杆、笔帽皆木制，两头稍细，笔头为羊毫，至今锋颖尖锐，为当时制笔工艺提供了实物佐证。（图B-4）

四、宣笔的崛起及长锋笔的出现

制笔过程中工艺的改进和毫毛采选的讲究，既促成了毛笔特性的提升，也使隋唐的制笔业在魏晋南北朝时期的基础上有了较大发展，达到了更加兴盛的阶段。宣州（今安徽宣城）在晋时为宣城郡，当时此地就以兔毫制作紫毫笔。到隋唐时，宣州制笔业发展迅速，一跃成为全国的制笔中心。其所制笔选料精审，工艺精良，不仅用作贡品，且深受士人喜爱，为许多诗人赋诗称颂。如耿湋《咏宣州笔》曰：“落纸惊风起，摇空见露浓。丹青与文事，舍此复何从？”可见钟情之深。白居易《紫毫笔》曰：“紫毫笔，尖如锥兮利如刀。江南石上有老兔，吃竹饮泉生紫毫。宣城工人采为笔，千万毛中选一毫。”诗又曰：“每岁宣城进笔时，紫毫之价如金贵。”说明了宣笔主要以兔毫制作，选料考究、工艺精细，十分昂贵。当时此地出现了不少制笔名家，主要有陈氏、诸葛氏、黄晖等。

宣州陈氏，为宣州陈姓制笔世家的称呼。陈氏制笔在晋代即很有名，至唐代，随着宣州制笔业整体的发展，声名日著。宋邵博《闻见后录》记载，唐代时，陈氏家尚藏有王羲之《求笔帖》，可见陈氏笔深受王羲之喜爱，估计曾受王羲之之请为其制笔。唐代书家柳公权也曾向陈氏求笔，但觉不合用，谓：“前者右军笔，公权固不能用也。”说明这种笔尚不适应柳体笔法。诸葛氏也是宣州制笔世家，与宣州陈氏同享盛誉。宋郑文宝《江表志》记宜春王从谦喜书札，学二王楷法，用宣城诸葛笔，“劲妙甲于当时”，可知诸葛笔既与宣州陈氏笔同适用于王羲之书法，则性能样式当比较接近。宣州制笔名家黄晖，所制笔锋短而犀利，形粗壮如鸡距，故称“鸡距笔”。白居易曾作《鸡距笔赋》称赞此笔。

赋曰："不像鸡之羽者，鄙其轻薄。不取鸡之冠者，恶其柔弱。斯距也，如剑如戟，可击可搏。将为我之毫芒，必假尔之锋锷。"表明了此笔劲健的特色。（图B-5）

唐代毛笔的形制主要为粗杆、短锋，笔头原料以兔毫为主，另有少量鼠须、羊毫等。这与隋唐时期书法尚楷，绘画多以细线勾勒，敷色浓重的技法有关。新疆吐鲁番阿斯塔那

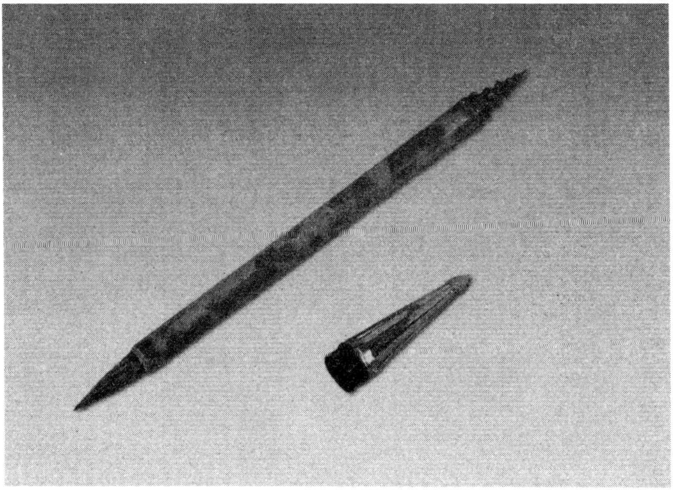

图B-5　仿唐代鸡距笔

及哈喇和卓唐墓曾出土毛笔，其形制与汉晋时期毛笔相比，笔杆明显增粗，笔锋相对见短。日本正仓院也收藏有中国唐代毛笔，其形制与吐鲁番出土毛笔形制类似。由这种笔干粗壮的形制，可知汉代时以笔簪发的风尚已经消失，毛笔只是依照书画运用的要求而制作。上述宣州陈氏、诸葛氏、黄晖等名匠所制笔，根据记载及名称判断，也应与所见毛笔实物形制及特性接近。

但是，由于唐代绘画技法多样化的发展趋势，既有精描细染的人物画，也有青绿重彩的山水画。特别是水晕墨章的兴起和破墨山水等技法的出现，必然对毛笔的特性提出更多不同要求，从而促使毛笔形制进一步发生改变。同时，书法中楷、行、狂草等不同书体、书风的并存，也是促成毛笔形制、性能多样变化的重要原因。其中最显著的变化之一，是长锋笔的出现。长锋笔实际上是指笔头较长的毛笔。柳公权曾有帖云："近蒙寄笔，深慰远情。但出锋太短，伤于劲硬。所要优柔，出锋须长，择毫须细，管不在大，副切须齐。副齐则波折有凭，管小则运动省力，毛细则点画无失，锋长则洪润自由。"前曾述柳公权不适用宣州陈氏所制笔，他所说毛笔锋要优柔，出锋要长，管则要细，这些都与唐代毛笔的主流样式特征相反。可见原有的粗杆、短锋不能适应柳体书法的要求，需要毛笔杆细、锋长。实际上，杆细、锋长在当时不仅是写字的需要，而且代表了部分画家对毛笔形制改革的愿望。于是，在这种时代性的要求下，长锋笔应运而生。

五、诸葛氏制笔法及制笔名家

宣州制笔业自唐代崛起以后，到了五代两宋时期有了更大发展。尤其诸葛氏制笔世家跨唐宋两代，技压群芳，其独到的制笔工艺和对制笔方法的改进，形成了颇具特色的诸葛氏制笔法，大大促进了毛笔制作的进步。

诸葛氏制笔最初以其制作精良的“三副”著称。所谓“三副”，指笔头包裹柱心的毫毛。北宋宣城诗人梅尧臣（字圣俞）曾将家乡宣笔赠予欧阳修，欧题《圣俞惠宣州笔戏书》云：“宣人诸葛高，世业守不失。紧心缚长毫，三副颇精密。硬软适人手，百管不差一。”诗中并以京师制笔与诸葛氏宣笔加以比较，认为京师笔“或柔多虚尖，或硬不可屈”，并价高寿短，不如宣笔经久耐用。黄庭坚也曾说：“宣城诸葛‘三副笔’，笔锋虽尽，而心故圆。”这种“三副笔”的制法，即披柱法创始以后毛笔的基本样式。唯诸葛氏所制笔，已为长锋，笔头毫毛深深纳入笔管端部腔中，既牢固不脱，又富于弹性。这种笔的实物，一九八八年曾于安徽合肥附近北宋政和八年（一一一八年）墓出土数枝，杆均竹制，每只通长二十点五厘米。笔头较长，达六厘米左右，纳于竹管端部腔中，披毫残损。笔头露出管外长短不一，从一点九厘米至二点八厘米不等。残存笔心为麻纤维丝制成，可知为长锋柱心笔。（图B-6）

此后，诸葛氏在长锋柱心笔的基础上，又创制“无心散卓笔”。即在原加工过程中，省去加柱心的工序，直接选用一种或两种毫料，散立扎成较长的笔头，并将其深埋于笔腔中，从而达到坚固、劲挺、贮墨多的效能。叶梦得《石林避暑录话》曰：“笔盖出于宣州，自唐惟诸葛一姓，世传其业。嘉祐、治平间，得诸葛笔者，率以为珍玩……熙宁后，世始用无心散卓笔，其风一变。”黄庭坚《山谷笔说》亦云：“宣城诸葛高系散卓笔，大概笔长寸半，藏一寸于管中。”苏轼也说：“又有一种不用心者，谓之散卓笔。”这种无心、长锋、笔头深埋的形制，是对长锋笔的一种改良，标志着制笔技术的又一次重大转变，在毛笔史上具有里程碑的意义。

无心散卓笔的创造，适应了宋代以后水墨画兴起，以及

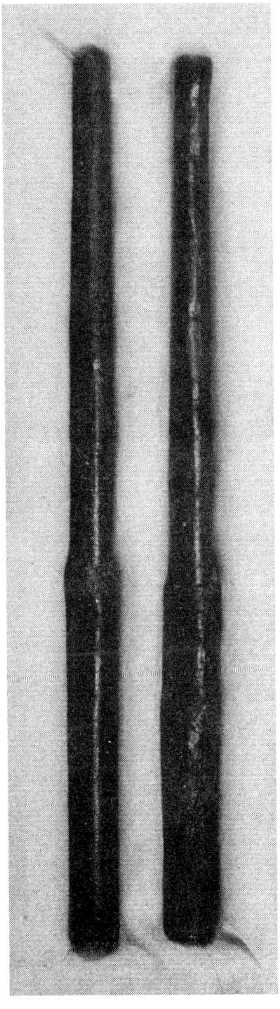

图B-6 宋代长锋柱心笔 安徽省博物馆藏

纸在书画中广泛应用，需要毛笔贮墨充分，便于挥洒的要求。这其中包含了许多制笔工匠对书画技艺变化的深刻体悟与认识，并将其落实于毛笔性能改良的智慧创造。无心散卓笔是诸葛氏家族制笔工匠集体智慧的结晶，其中以诸葛高最著名，诸葛元、诸葛渐、诸葛丰及吕大渊、吕道人、汪伯立为其传人。其他制笔名匠尚有吴说、程奕、待其瑛、张遇等。

诸葛高是无心散卓笔的主要创制者，苏东坡等人曾对他创制散卓笔予以高度评价。苏东坡说："（无心散卓笔）惟诸葛高能之，他人学者皆得其形似而无其法，反不如常笔，如人学杜甫诗，得其粗俗而已。"诸葛元、诸葛渐、诸葛丰是诸葛氏家族中承其祖业的制笔名匠。吕大渊，黟州（今安徽黟县）人，曾在学习宣笔制作技术的基础上，又结合三国韦诞笔的制法，对制笔工艺加以发挥，制造出优质适用的毛笔。曾为黄庭坚做大小笔十余只，无不可意。吕道人，歙州（今安徽歙县）人，也继承宣笔制作技艺并有所发展，所制笔以工巧见长，名扬一时。汪伯立，新安（宋时属歙州）人，其所制笔与澄心堂纸、廷珪墨齐名。南宋理宗朝，汪伯立笔曾与澄心堂纸、廷珪墨、羊头岭旧坑砚被称为"新安四宝"。徽州知府曾以此作为贡品进献朝廷。此外，吴说制笔继承乃父吴政之法，以经久耐用取胜。程奕为钱塘笔工，所制笔以轻巧精妙著称。待其瑛善制紫毫枣心笔。张遇制笔称“丁香笔”，黄庭坚《山谷笔说》曾谓其“捻心极圆，束颉有力”，也不失为宋代名笔之一。

六、湖笔的崛起

元代以后，湖州制笔业迅速崛起，代替了唐宋时期宣州制笔业的显赫地位，成为全国制笔业的中心。

湖州制笔历史悠久，自东晋以来，王羲之、王献之、释智永、颜真卿、杜牧、苏轼、赵孟頫、钱选等著名书画家都曾先后居湖州，尤其王羲之父子、智永等人常与当地笔工共同切磋和改良制笔技艺。宋末元初，社会动荡，大批宣州笔工随人口流动来到湖州，将宣州制笔技艺同时带到湖州，促进了湖州制笔业的发展。湖州地处太湖南岸，背依天目山，丘陵地带有野兔、黄鼠狼、獾等生存，其毫毛可用来制笔。特别湖州平原地带生存着大批白山羊，其毛长而色白，尖端锋颖长而匀细，性柔软，特别适宜制作长锋羊毫笔。而元代文人画的发展，追求以书入画，注重绘画笔法的“写”意。这种绘画用笔方法要求所用笔锋要软硬适中，弹性适宜，且储水量大，而这些特性恰为长锋羊毫笔所具备。因此，湖州所产长锋羊毫笔，适应了当时绘画发展的需要，尤其适应了文人书画家的需要而盛名日著，成为湖笔最具特色的品种。

元代湖州制笔又以其精良的制作工艺而著称。其选料精制，纯正无杂，分层匀扎，工艺严格。制作方法基本按照有披有心，有柱有副的古典操作规范。其制作工序繁复，从浸料、拔毛、整齐、配料至修削试用往往多达七十多道。正由于此，元代几乎所有御用笔，都是由湖州笔匠完成的。以长锋羊毫笔为主的湖州笔代替粗壮刚劲的宣笔而盛行，既是元代绘画技法和材料变化需要的结果，同时，这种笔的盛行也对明清以后绘画技法的发展产生了关键性的影响。

元代开始，湖州制笔即以善琏镇为中心，聚集了大批名工巧匠，主要有冯应科、张进中、周伯温、陆文宝等。其中冯应科为元初笔工，制笔最有名，当时即有诗云："浙间笔工麻粟多，精艺惟数冯应科。"并有"吴兴冯笔妙无伦"之说。元初钱选、赵孟頫为湖州人，一度闲居故里，其时冯应科的笔、钱选的花鸟画、赵孟頫的字，被称为"吴兴三绝"。张进中以作鼠须笔闻名，他以鼬鼠毛为原料，所制笔为宫中使用，很受欢迎。周伯温本西域人，名沙刺班，用古法以黄羊尾为原料所制羊毫笔，深受称赞。陆文宝为元末笔工，曾制作贡笔，技艺为后代继承。

随着湖州制笔业规模的扩大，一些笔工逐渐向周围地区分散，从而促进了江浙一带制笔业整体的发展。此外，元末明初以后，湘笔崛起，并逐渐成为与湖笔并称的一大制笔工艺品种。

七、精细的制笔工艺及其品格化

明清时期毛笔的制作在注重实用以外，更加讲求工艺的欣赏性。在这种风气影响下，制笔材料的选用和制作技术都更加考究，追求精细的制笔工艺的风气已达极盛，甚至有的制笔竟以豪华为尚。

明清毛笔制作，笔头选用毫料主要有羊毫、紫毫、狼毫、豹毫、猪鬃、胎毛等数十种。其中有一种以植物纤维为原料制作笔头，称“白沙茅龙笔”，为明代陈献章（一四二八～一五零零年，字公甫，号白沙，广东新会人）所创，其技术被后代继承。笔头制作除选毛精细外，捆扎方式也不断出新，有竹笋式、香盘式、兰花式、葫芦式等。有的笔头利用毛色不同而做出色彩层层变化的效果，称花毫。对笔的性能追求也更精细，或软或硬，或软中藏健，或健而含软。明屠隆《考槃余事》首次提出笔之“四德”，即“尖、圆、齐、健”。《文房肆考图说》对此释曰：“尖者，笔头尖细也。齐者，于齿间轻缓咬开，将指甲揿之使扁排开，内外之毛一齐而无长短也。圆者，周身圆饱湛，如新出土之笋，绝无低陷凹凸之处也。健者，于纸上打圈子，决不涩滞也。”可见在使用方面，已十分讲究毛笔性能的要求。明清笔的形制类型也有增加，出现了揸笔、斗笔、对笔、提笔、楹笔等大型笔，以及一些专用以作工笔画的极小笔。（图B-7）

这时期笔管的制作也极为考究。在选材上，以前常用的竹管、木管更讲求用材的名贵，如竹管有使用棕竹、斑竹等，木管有使用乌木、鸡翅木等。此外，玉管、象牙管、瓷管（青花、粉彩、五彩等）、雕漆管、彩漆镶金管、珐琅管，甚至金、银管等，或为前代已有而此时更常用，或为前代未曾使用而增加的新材质。笔管的雕饰也更加繁复精致，有雕为龙凤、八仙、人物、山水以及各式几何图样等。这种对笔杆材质的讲求与雕饰的变化，已非出于实用的目的，而纯为欣赏的需要了。当然，毛笔的这种装饰在明清两代也有不同，明代形制及装饰较质朴大方，清代则极为繁缛华丽，

图B-7 明万历年彩漆描金龙凤纹管花毫笔 故宫博物院藏

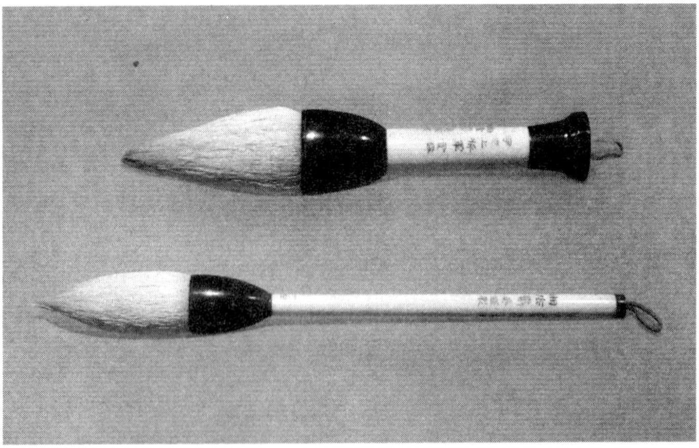

图B-8　清代象牙管牛角斗龚英制羊毫湘笔
首都博物馆藏（作者摄）

是为其时代风格的差别。（图B-8）

明清制笔名家很多，明代主要有陆继翁、施文用、张文贵等，清代主要有周虎臣、王永清、王兴源、李馥斋等。其中陆继翁为元末明初制笔名家陆文宝（浙江吴兴人）之子，其承继父业，并有所发展。施文用，吴兴人，所制笔多用作贡品，并被许多达官贵人珍赏。其早年称“施阿牛”，弘治帝赐其“施文用”名，更增其誉。张文贵，杭州人，长于制画笔。周虎臣，清初笔工，所制笔以选料考究、工艺精制、实用美观而著称，曾开设“周虎臣笔墨店”，子孙承其业，清末发展至上海，更加兴盛。王永清，江苏吴县人，包世臣《艺舟双楫》记其“治笔于家，不传徒，不设笔肆”，其制笔以羊毫圆健著称，尤善笔头根部的精细加工。王兴源，吴兴善琏镇人，善修笔，曾曰：“能手之修笔也，其所去皆毫之曲与扁者，使圆正之毫，独出锋到尖，含墨以着纸，故锋皆劲直，其力能顺纸以服纸。”李馥斋，清道光时北方笔工，精于制作紫毫兼羊毫笔，又能制作“卷心笔”，兼能书写巨字和小楷，深受当时书画家赞誉。

湘笔在湖笔影响下，于元末明初崛起，逐渐取得很大发展，几与湖笔并驾齐驱。湘笔主要产地以长沙为中心，其制笔历史可溯至唐代郴州（今湖南郴州）笔。明清湘笔主要特色在于笔头制作方法采用杂扎技术，即将不同笔毫不作分层，而是相互间杂一起，取得刚柔相济的效果，并有“水毫”、“兼毫”等著名品种，至今仍有广泛影响。由此，明清毛笔制作可说已形成湖笔、湘笔等名品相互并存的局面。各地制笔业竞相发展，进入了毛笔制造业的鼎盛阶段。

贰　墨史

一、从石墨的应用到人造墨的创始

所谓“墨”，实际上是指“人造墨”。在人造墨发明以前，石墨作为一种天然的黑色颜料已经普遍应用。这种天然的黑色颜料，它的性质还不具有“墨”超越于颜料之上的意义，仅仅同其它颜料的功用一样，只是被用来涂绘黑色的物象。因此，作为中国书画最基本用材的墨，虽然与石墨一样，其相为黑，但它的形成，却不是以往黑色颜料简单的名称转换，而是在性能、品质等方面，具有从材料到技术的根本性变化。从石墨到人造墨的制作，前后相关，同时又意味着质的变化，是一种新事物的创始与发展。在此之前，人类在上万年的生活和劳动过程中掌握的石墨等黑色颜料的应用技术，以及在黑色颜料应用过程中所培养出来的对于“黑”这种色相的认识、观念，在人造墨的创始过程中都是不容忽视的重要动力。

据《周易》、《尚书》、《春秋》、《史记》等史籍记载，人类在史前时期，文明初步形成，先民以五彩彰施于衣裳，以为五色，致华彩动荡以文明天下，并以五色施之器物而成为彩陶等。此五色即青、黄、赤、白、黑，谓之正色，并有红、碧、紫、骊黄等谓之间色。此正色之中的黑，正是人造墨的原始性相。

史前绘画所用颜料一般多为矿物质粉末。成书于战国至汉代之间的《山海经》中许多关于地理矿藏方面的记述，是了解战国及以前我国地理状况的较早资料，其中就有关于人类所使用的矿物质颜料的内容。如《南山经》谓："青丘之山，其阳多玉，其阴多青雘"，"鸡山，其上多金玉，其下多丹雘"，"女床之山，其阳多赤铜，其阴多石涅"。

青雘、丹雘均为可制颜料的有色石；涅，为黑色石，石涅，即石墨，也就是现在所谓的煤。北魏郦道元（约公元四六六～五二七年）《水经注》谓："石墨可书，又燃之难尽。"西汉《淮南子·览冥训》中载有女娲炼五色石以补天的故事，《尚书·禹贡》有"贡惟土五色"、"土赤殖（细腻）"、"砥砺砮丹"、"土黑"、"土黄"、"土惟白壤"等记述。由此可以推知，在夏禹之前，这些各色石、土即用以制作绘画颜料，而石墨作为制作黑色颜料的主要材料，与青雘、丹雘等制作其它颜料的石、土材料在性用上并无不同，它还仅仅是五色颜料中的一种。据近数十年的考古发掘，河北阳原虎头梁旧石器时代遗址有用于染色的赤铁矿块，广西南宁新石器中晚期部分墓葬遗址有在死者身上或周围所撒赤铁矿粉末，这些都是史前颜料使用的遗存例证。一九七九年陕西临潼姜寨仰韶文化遗址出土的一套绘画用具中，除盖板研磨器、磨石、陶水杯之外，研磨器凹处搁置着数块黑色天然颜料。此颜料经化验为矿物氧化锰，不仅表明了黑色颜料的材料性质，而且展示了这种黑色颜料的使用方法，与后世墨锭以砚研磨的使用方法，具有非常显著的渊源关系。当时人们使用的黑色天然矿物颜料，是将采集的矿物捣碎，用研磨器碾压、磨细后和水使用。今天我们在许多史前时期的绘画或器物纹样上看到的黑色，就是当时黑色颜料使用的例证。

随着先秦时期绘画的发展，绘画颜料也显著进步。到了西周时期，在石墨等黑色颜料的使用过程中，人们发现了新的黑色材料，并创造了新的黑色“颜料”品种。而这种新型材料的黑色，在日后又被人们发现了新的性能，并由此探索而展现了其新的价值。这种新的价值在其后数千年中，深深影响并最终成就了中国文化。这种新的黑色“颜料”就是“人造墨”。人造墨的创始，使得墨与其他黑色颜料分离，开始独立发展，并最终脱离色相体系，成为与颜料系列并存的最为重要的书画用材品种。

人造墨独立于黑色颜料，主要标志是材料构成的变化和制作技术的变革。带来这种变化的，传为西周宣王时人邢夷。邢夷制墨的动机，缘于一次偶然的发现。据传说，邢夷无意中发现水中漂浮的一块松碳，用手捡起，手上染了黑色，有所悟，遂取回家，捣碎成灰，先和水，不凝结，后用粥饭之类黏性物拌和，用手捏成块状，这就是邢夷制墨的开始。此后邢夷以此法大量制墨，其所制墨称“邢夷墨”。明代黄一正《事物绀珠》载：“邢夷始制墨，字从黑土，烟煤所成，土之类也。”当然，传说不足为史实根据，但在西周邢夷之前，以燃烧过的松碳绘画或书写，则应该是可能的。

从文献记载考察，最早记录了墨的用途的是《尚书》及《礼记》等。其中《尚书·伊训》载：“臣下不匡其刑墨，具训于蒙士。”此“刑墨”即墨刑，也就是“黥面”，为古时的一种刑罚，即在人面刺文，并以墨染。《尚书·说命上》有“惟木从绳则正”，正如《礼记》中“绳墨诚陈，不可欺以曲直”，均是说土木作中常用到的以墨绳取直的技术。这些都表明至少在西周以前，墨已经用于刑罚或土木作中了。但这种墨到底是什么材料，用什么技术制作，则已无法考察翔实。因此，我们只能推测，在邢夷制墨以前，以燃烧过的松碳取墨的方法已经大量应用，但此墨还非人工专门制造。真正意义上的“人造墨”，应该是自邢夷开始，对人工烧制松碳以取墨的技术进行了总结和改进，进一步对其方法加以规范，并比较大量地进行制作。

邢夷制墨的具体方法和形制今天已无法考证，但据明罗颀《物原》说：“邢夷作松烟墨。”可知邢夷是取松烟制墨。其后，正是在此基础上，发展出烧烟取墨的基本技术流程。一九七五年十二月在湖北云梦睡虎地秦墓除出土毛笔之外，还出土有人造墨块，为手工抟造，已经呈现了人造墨与原始黑色颜料在性态上的基本区别。同时还出土有大量墨书竹简，应为以此种墨书写的实物。今清华大学藏战国竹简九篇，则是秦以前的墨书实物。由睡虎地出土墨块的形态也可推知，秦以前墨的形制，基本与其类似，应当是以手工抟造的不规则的简单体块。烧烟取墨的技术为后世沿用，成为历代制墨最基本的方法。（图M-1）

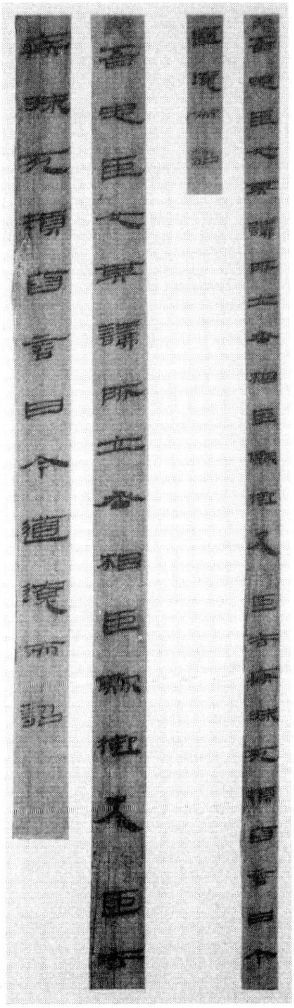

图Ⅳ-1 战国竹简墨书 清华大学藏

二、早期墨业的兴旺与墨模的发明

秦依法治，汉尚儒术，秦汉两代均重视绘画以宣德明治，许多绘画材料、用具都取得了突破性的进展。其中人造墨的发明促进了造墨业的兴盛，而墨模的发明不仅是墨业兴旺的标志，同时也成为制墨技术进步的关键。

自西周邢夷始制松烟墨后，天然黑色颜料与墨同时并存，而人造墨业不断发展，到秦汉两代已形成一定规模，并出现了较大的制墨作坊。汉代时，造墨业主要集中在朔方（今内蒙古鄂尔多斯西部）扶风（今陕西扶风）、隃麋（今陕西千阳）等地。其中隃麋墨在当时十分有名，宫中用墨以此为多。东汉应劭《汉官仪》载："尚书郎起草，月赐隃麋大墨一枚，隃麋小墨一枚。"东汉时宫中所设尚书台右丞、守宫令即为专事管理墨、笔、纸的保存及发放的人员。东汉和帝时邓绥皇后限令各地岁供纸墨，可见墨不仅极受重视，而且造墨行业也十分兴旺。这样，较大量的需求和制造，最终促成了造墨技术的变革。

人造墨发明后，墨的形制主要是用手抟揉，形成不规则的墨块，称"墨丸"。起初，制作墨丸只是为了方便储存和使用，因而没有固定的形制，但一般为不规则的小圆球状、圆饼状或圆柱状。一九七五年湖北云梦睡虎地秦墓出土的墨块，即为圆柱状。一九七八年九月，山东临沂金雀山西汉墓出土墨块，为极小的墨丸。一九八三年广东省广州市南越王墓出土墨丸，多达数千颗，为较小的圆饼状，质地细腻，略泛红色。这种墨丸在使用时，以带有磨棒的研磨器捣压成粉状，和水使用。或以墨丸蘸水，并用棒状或块状磨石碾压成墨汁使用。当时这种墨块以“枚”或“丸”相计，并有大小区别。这种墨丸多存于墨橐（装墨的织物袋子）中。后来，为碾磨时方便用手抓握，逐渐开始将墨丸攒聚，制成中间略粗，两头稍细的形状，称“握子”。东汉时，墨模发明，使墨的形制发生了根本性变化，由此并影响到墨的使用方法。在考古发掘中，河南陕县刘家渠东汉墓曾出土五锭残墨，其中两锭尚保存部分形体，系墨模压制的松烟墨，是研究东汉墨的制造技术、形制、质量的重要材料。（图M-2）

墨模的发明，是墨的制作形成规模的标志。墨模的使用，至少带来了两个方面的变化：一方面是使墨的形制趋于规整。墨模主要用木板制作，可以将墨做成各种规则的形状。这种由手工抟造到墨模压制，由不甚规则到形成规则的变化，暗藏着造墨技术的根本变革。从样式上，它可以促使

图M-2　西汉墨丸　广东省西汉南越王博物馆藏

墨的样式由简单而趋于多样变化，也使墨的装饰更加丰富多彩，奠定了墨在后来发展为一种鉴藏品的基础；从墨业制造上，可以提高效率，从而促进了墨业作坊制的发展。另一方面，墨模的使用，使墨的密度和硬度增大，提高了墨的质量。以前用手工抟造的墨，比较松脆，使用时采用以磨石和磨盘碾压的方法。用墨模压制的墨，硬度较大，适合蘸水研磨使用，这样便对研磨器有了新的要求，并最终促成了研磨器淘汰研石，实现了由“研”向“砚”的根本变化。

此外，根据出土的汉代实物和《周礼》、《史记》等史籍中有关用胶的记述，可知汉代和墨已开始使用黏性较强的胶，从而大大提高了墨的硬度和强度。从此，中国墨的基本形制和性质得以确立。

三、“仲将墨”及制墨工艺的精致化

人造墨的出现，不仅大大提高了墨的质量，而且从此兴起的作坊化生产方式，也逐渐促成了品牌墨业的发展。魏晋南北朝时期，绘画技法更加趋于规范化和经典化，这对书画用墨也提出了更加精致化的要求。当时著名的“仲将墨”，以其制造工艺对制墨技术的促进，使它成为精致化的制墨工艺最早的典范。而部分贵族及士大夫阶层参与绘画，也促使书画家自制墨成一时风气。

制墨工艺的精致化主要体现在烟料制取、用胶和用药等方面都更加考究。三国时韦诞不仅是制笔名匠，其所制墨也极负盛名，称“韦诞墨”，因其字仲将，故亦称“仲将墨”，代表了当时制墨技艺的新水平。韦诞善书，对书写用笔、墨、纸都极为讲究，因而自行制造，并称名于史。宋苏易简《文房四谱·墨谱》所载韦仲将墨法曰：“今之墨法，以好醇松烟干捣，以细绢筛于缸中，筛去草芥。此物至轻，不宜露筛，虑飞散也。烟一斤已上，好胶五两，浸梣皮，即江南石檀木皮也。其皮入水绿色，又解胶，并益墨色。可下去黄鸡子白五枚，亦以真珠一两，麝香一两，皆别治细筛，都合调，下铁臼中。宁刚不宜泽，捣三万杵，多益善。不得过二月、九月，温时臭败，寒则难干。每锭重不过二两。”由此可知，仲将墨为松烟所制，一斤许烟加胶五两，已较重。三国时期吴皇象品评好墨有“多胶黝黑”之说，可知用胶以求黝黑，是当时造墨技术的一个重要追求。仲将墨中加入各种药物，以益墨色、气味，利于储藏。其对用料、制作技术的要求已十分细致、严格。南朝齐萧子良在《答王僧虔书》中评仲将墨曰“一点如漆”。“黝黑”、“如漆”作为评鉴墨质优劣的标准，其技术依靠用料、工艺来实现，但作为墨的品质，则主要是由绘画本身的评价而决定的。萧子良将仲将墨与东汉张芝笔、左伯纸并称“三绝”，从而确立了仲将墨在墨史上的重要地位。

韦诞之后，南朝宋张永所制墨也十分出色，深得文帝等人喜爱。元代陆友《墨史》记其“又合秘墨，美殊前后”，称其所制墨“色如点漆，一点竟纸”，可见此墨仍是以漆黑光亮为特色。另外，南北朝时易州（今河北易县）所产“易墨”也很有名，南朝齐王僧虔在《笔意赞》中曾将剡纸、易墨并称。近年考古发掘中，南昌晋墓曾出土两块墨，一为长方体，一为圆柱体，形体都较大，均在十厘米左右，墨质较优。现存晋陆机等人法书墨迹，历经一千六百年仍光亮黝黑，由此也可见当时制墨工艺的先进水平。（图M–3）

四、兴盛的隋唐制墨业

隋唐时期国势的加强和政治的相对稳定促进了规模化经济的发展，制墨业也适应了书画创作的要求而突飞猛进。以北方为主，墨业中心和著名墨工纷纷涌现。繁盛的墨业制造

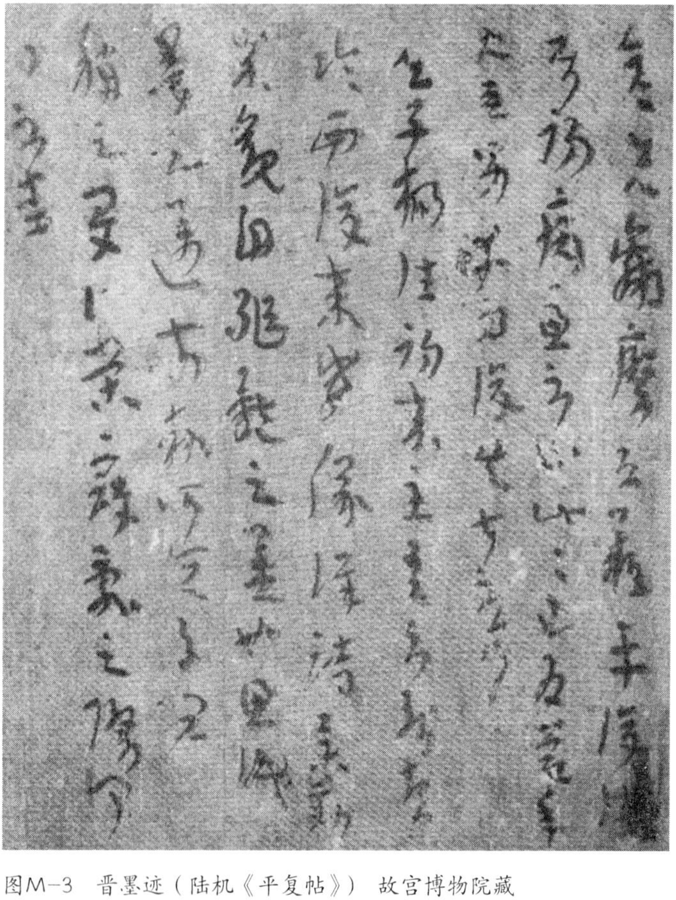

图M–3　晋墨迹（陆机《平复帖》）　故宫博物院藏

不仅使墨质有了较大进步，同时也促使制墨工艺大大提高，并开墨上印字的新风尚。

隋唐时期制墨业的区域和规模都有所扩大。前期的墨业中心主要有易州和潞州两地。易州即今河北易县地，天宝年（七四二～七五六年）曾名上谷郡。易州制墨在南北朝时期即很有名，所制墨称“易墨”。潞州即今山西长治地，天宝年曾名上党郡。潞州墨也深为当时文人喜爱，几乎取代了长安一带墨在墨业上的地位。唐代诗人李白、李峤曾赋诗赞颂潞州墨。李白《酬张司马赠墨》诗曰：“上党碧松烟，夷陵丹砂末。兰麝凝珍墨，精光乃堪掇。”李峤《咏墨》诗曰：“长安分石炭，上党结松心。绕画蝇初落，含滋绶更深。悲丝光易染，叠素彩还沉。别有张芝学，书池幸见临。”从两诗对潞州墨的赞美之中，可知潞州墨系优质松烟烧制，并加兰麝等药物。其质精光、黝黑、沉着，适于绘画和书写，与色彩叠加，互相映发，更为沉稳。唐代后期，由于安史之乱，社会动荡，大批墨工随人口南流，使墨业中心开始南移。其中易州奚超携子奚廷珪举家迁居歙州（今安徽歙县），使歙州墨业在唐末五代开始崛起，影响深远。

在墨业兴盛之际，许多墨工纷纷出现，各称名一时。当时著名墨工主要有奚超、祖敏、李阳冰、张遇、王君德、李慥等。奚超为易州墨工，其父奚鼐也为一代墨匠。唐末时携子奚廷珪南渡新安，见歙州（今安徽歙县）古松质优，非常适合造墨，于是重操旧业，改进技术，创制佳墨，遂擅名后世。祖敏亦本易州人，为当朝墨官，其以鹿角胶煎膏和墨，能得妙墨。李阳冰，赵郡（今河北赵县）人，官至将作，唐代著名书法家，曾制巨挺“文华阁”御墨，坚泽如玉。张遇亦易州人，晚唐墨工，其所制墨以光启年间（八八五～八八八年）墨质最佳，多为钱子形，工艺精细。元陆友《墨史》记宋代秦少游藏张遇墨一枚，团面为盘龙，鳞鬣具悉，其妙如画，墨背有“良玉不琢”四字。所制贡墨，常用以宫中画眉，称画眉墨。王君德为唐末墨工，其墨以善用药料为特色，宋晁贯之《墨经》记王君德制墨时捣胶用石臼，捣两三千杵，药料用醋石榴皮、水牛角屑、胆矾三物，或用梣木皮、皂角、胆矾、马鞭草四物。李慥，亦为易州人，曾为唐吏部员外郎，元陆友《墨史》云其为易水诸李之祖，制墨亦佳。此外，明王象晋《群芳谱》并载有唐玄宗李隆基“以芙蓉花汁调香粉作御墨”的记载。

隋唐时墨工为提高墨的质量，主要通过提高加工技术，改善加胶和药料成分的方法。如上述墨工祖敏以鹿角胶煎膏和墨，王君德运用不同的加料配方等。由于讲究制墨用料，上党松、庐山松、岱郡鹿角胶等逐渐著名。同时，对墨质的追求，促使了墨工对墨的外形装饰更为讲究，除墨模制作更加精细外，墨上开始出现印字及图案。出土唐墨中，一九七八年于安徽省祁门县北宋墓中出土的唐代“大府”墨（又识为“文府”墨，是否唐墨，存在异说），阴书“大府”二字，多认为系唐代初期墨，也是现在所见最早的印字墨。（图M-4）

图M-4　唐代大府墨 安徽省黄山市博物馆藏

隋唐时期墨质的提高，体现了众多墨工的智慧和高超技艺。与此同时，绘画技法的发展和纸质的进步，与墨质的提高也有密切关系。其中“墨分五色”观念和破墨法、泼墨法的兴起，使画家要以单纯的墨色加以浓淡枯润变化，以表现青黄赤白黑的五色感和物象诸色观念，必然要求绘画所用墨须细腻、黝黑有光泽，以丰富表现力。同时，性能愈来愈多样的书画用纸也要求墨质更加提高，这对制墨工艺的进步也起到了一定的促进作用。

五、徽墨的崛起及鉴墨之风

继五代以后，两宋时期崇尚文艺的社会风尚和自由发达的商业经济、更多文人对绘画的参与，以及水墨画法由宋至元的兴盛，都导致了制墨业及其工艺的进一步发展。墨业中心的南移，使以廷珪墨为主的徽墨迅速崛起。而士人更多参与绘画及其自制墨之风，不仅促使了制墨从选材、工艺到墨的使用都更加考究，而且促成了墨的鉴藏风气的形成，从而赋予了墨业更加浓郁的文人化气息。“文房四宝”之名的由来，即是文房用具文人化风气的体现。

唐末五代时，北方易州、潞州等地墨工躲避战乱，纷纷南迁。其中易州奚超、奚廷珪父子流落黄山，见此地松树质优，适于制墨，于是定居下来，重操旧业，改进工艺，造出了细腻光泽的佳墨，并带动了当地制墨业的发展。至奚廷珪主事时，对制墨工艺又作了重大改进，所制墨称“廷珪墨”，成为当时第一名墨。廷珪墨采用的技术，一是改进了副料配方，在墨中加入珍珠、麝香、藤黄、犀角、樟脑、巴豆等十二味药物。珍珠、麝香、樟脑有减杀胶臭和烟气的功效，藤黄可使墨坚固，巴豆则可使墨润泽。加入此药料配方后，所制墨坚实如玉，纹彩美观，防蚀防蛀，香气袭人，久贮而不变；二是改进了对胶技术。宋何薳曾与奚廷珪比邻而居，据其所著《春渚纪闻》中记，奚廷珪对胶法，秘而不传，一般人仅能得其大概，虽其子宴也不例外，因此其技密不得而知。但何薳又记：“廷珪对胶，于百年外方见胜妙。盖虽精烟，胶多则色为胶所蔽，逮年远，胶力渐退，而墨色始见耳。”由此可知，廷珪墨用胶必重。《春渚纪闻》中又记他儿时所见自奚廷珪下至潘谷十三家墨，“其廷珪小挺，岁久不见胶彩，而书于纸间视之，其黑皆非余墨所及”。苏易简《文房四谱》也载：有人得五六十年廷珪墨，“盖胶败而墨调也，其坚如玉，其纹如犀，写逾数十幅，不耗一二分”。由此可见廷珪墨优良性质之一斑。《春渚纪闻》又记廷珪墨有铭曰“廷珪四和墨”，可知其对胶法寓于此。廷珪墨的形制，据《七修类稿》载，有圆饼龙蟠而剑脊者，有四浑厚长剑脊而两头尖者，又有如弹丸而龙蟠者，皆用金泥。该书还说明廷珪墨制作时用珍珠三两，玉屑一两，捣万杵而成。廷珪墨并以不同墨铭区别墨的质量优劣，以有“邽”字者为上品，作“圭”字者次之，作“珪”字者又次之，以作“奚廷圭”者为最下品。今台北故宫博物院藏有李廷珪“翰林风月”墨，堪称存世五代北宋墨中的稀世之珍。此外，也有自奚廷珪始兼用桐油烧烟制墨的说法，可说是油烟墨制造的滥觞。

五代南唐时，廷珪墨以其精妙的技艺和优良的墨质，声誉日隆。后主李煜闻其名，遂命奚廷珪为其墨务官，专司御墨监造，并赐国姓李，从此奚廷珪更名李廷珪，廷珪墨也始称“李墨”，更加名满天下。至北宋宣和年间，“黄金易得，李墨难获”之美誉已广为流传了。

歙州自李廷珪开始，由于本地优良的松材资源和优厚的文化环境，制墨业迅速兴盛。北宋宣和三年（一一二一年），歙州更名徽州，领歙、黟、休宁、绩溪、婺源、祁门等县。从此，歙州产墨始称“徽墨”。这时，此地已积聚了二百年的制墨历史，丰厚的传统已使这里的制墨业形成了“家传户习”的盛况。优秀墨工纷纷涌现。著名者除李廷珪外，另有张遇、张谷、张处厚、朱觐、潘谷、戴彦衡等。

张遇、张谷、张处厚为祖孙三代制墨名家。初为易州人，后迁徙歙州。张遇为唐末五代墨工，以“供御墨”闻名，时有“世以李廷珪为第一，易水张遇为第二”之说。遇子张谷承其法，制墨亦极有名。谷子张处厚以黄山松造墨，能守家法，并创以鱼胶和墨。《春渚纪闻》记其墨“用远烟鱼胶所制，佳者不减沈珪、常和”。一九八八年出土于合肥北宋政和八年孙氏夫妇墓中的款“歙州黄山张谷男处厚墨”，即为张处厚所造。该墨长梭形，制造精致。埋藏地下九百余年，潮湿水浸，仍坚挺而富有光泽，足证其制墨质佳，并非虚传。与此墨同时出土的尚有另一块“九华朱觐墨”，为九华山人朱觐所制。这块墨长梭形，铭为楷书，背面有凤形图案等，做工精致，亦历经九百余年仍光亮如新。《春渚纪闻》记朱觐制墨，“亦善用胶，作软剂出光墨”，由此墨可知，并非过誉。潘谷为北宋中后期歙州名墨家，史载他能“揣囊知墨”，其墨自制自售。他制作有“松丸墨”、“狻猊墨”等名品，遇湿不败，曾得苏东坡和黄庭坚等人称赞。戴彦衡，新安人，坚持用黄山松做墨，有名品御墨“双角龙文墨”。吴滋也是徽墨名家。（图M－5）

除歙州（徽州）以外，五代两宋时期其它各地制墨也时有名家。如真定（今河北正定）陈赡，《春渚纪闻》“陈赡传异人胶法”记其“初造墨遇异人传和胶法，因就山中古松取煤，其用胶虽不及常和、沈珪，而置之湿润，初不蒸，则此其妙处也”。真定张滋，曾奉命为朝廷造官墨，宋蔡絛《铁围山丛谈》记其“善和墨，色光黳，胶法精绝，举胜江南李廷珪”。西洛（今山西寿阳）王迪，其墨法止用远烟鹿胶二物，而光泽鲜美，出陈赡之右。嘉禾（今浙江嘉兴）沈珪，其制墨用古松煤，杂用脂漆滓烧之，得烟极精黑，名为漆烟。这是在制墨材料上的创新，可说是较早期的漆烟墨制作的探索。南宋墨家叶茂实，善制作软帐油烟墨，烟轻坚远，制法与加胶都与众不同。一九七七年江苏武进南宋墓曾出土古墨一锭，即叶茂实所制。此外，东鲁（山东东部）陈相作方圭样墨，兖州（今山东兖州）陈朗墨作一色皴面，便于研试，在当时也比较有名。（图M－6）

名家自制墨隋唐已有，如书法家李阳冰即以制墨闻名，

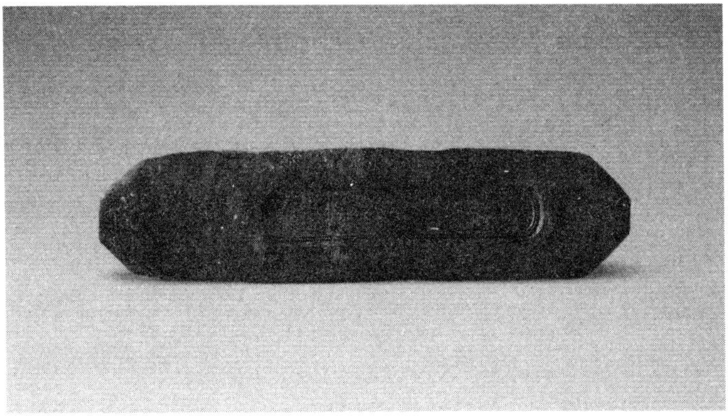

图M-5　北宋歙州黄山张谷男处厚墨
安徽省合肥市文物管理委员会藏

图M-6　北宋东山贡墨 江苏省宝应县博物馆藏

但只有北宋苏东坡、黄庭坚等人出，才将文人自制墨的风气推向高峰。何薳《春渚纪闻》曰："近世士人游戏翰墨，因其资地高韵，创意出奇，如晋韦仲将、宋张永所制者，故自不少。然不皆手制，亦以意加减，指授善工而为之耳。"故知文人制墨，并非一定亲手制造，而是根据个人喜好，指定墨工而为。因此，大多制墨文人，皆交善著名墨工，高韵奇意，加之精湛技术，珠联璧合，故常出佳墨。苏东坡对潘谷制墨十分赏识，曾作诗赞潘谷墨曰："布衫漆黑手如龟，未害冰壶贮秋月。""一朝入海寻李白，空看人间画墨仙。"关于东坡制墨，《春渚纪闻》又曰："东坡先生在儋耳，令潘衡所造，铭曰：海南松煤，东坡墨法者是也。其法或云每笏用金花烟脂数饼，故墨色艳发，胜于丹砂也。"潘衡为潘谷后人，东坡墨即用海南松煤，内加金花烟脂，由潘衡制成，故得墨色艳发，胜于丹砂。黄庭坚制墨也很有名，当时亦交善于潘谷，潘谷"隔囊揣墨"的故事，就是与黄庭坚之间发生的。

元代制墨业承继宋代，除徽墨以外，其它各地墨业都有所发展，并出现了一些著名墨工，如潘云谷、胡文忠、林松泉、于材仲、朱万初等。尤其朱万初所制墨，"沉着而无留迹，轻清而有余润”，最为人称道。今见元墨以山西大同冯道真墓出土“中书省墨”最有名。该墨呈牛舌形，墨模压制。一面为一行龙，形象生动，一面为阳文篆书“中书省”三字，风格浑朴，由此也可见元代墨模雕刻技艺的水平。（图M-7）

随着鉴墨之风日盛，宋元时期出现了较多有关墨的著述，其中影响较大的主要有苏易简《文房四谱》、晁贯之《墨经》、李孝美《墨谱法式》等。其中苏易简（字太简，

图M-7　元代中书省墨 山西大同冯道真墓出土

梓州铜山人，官至邓州知府）所著《文房四谱》，类书体，详述笔、砚、纸、墨原委及故实，并分别辑录辞赋诗文，凡五卷，其中墨谱一卷。该书广征博引，搜考详备，叙述精当，编排得体，不仅益于鉴赏，而且赖其保存的史籍，如梁元帝《忠臣传》、顾野王《舆地志》等都极有价值。晁贯之（字季一，能制墨，精和胶法。其制如璧，不减潘谷）所著《墨经》一卷，分松、煤、胶、罗、和、捣、丸、药、印、样、荫、事治、研、色、声、轻重、新故、养蓄、时、工，凡二十节，叙述烟墨制作技术、鉴赏要领等，论述切实，为经验之谈。李孝美（字伯阳，自署赵郡人）所著《墨谱法式》三卷，前二卷以图文并茂的方式，记录松烟墨制作过程及祖氏以下十六家墨式，卷三叙述用胶及仲将墨、廷珪墨、古墨、油烟墨等十一法，皆剖析毫芒，文理精当。何薳《春渚纪闻》、蔡絛《铁围山丛谈》等书中并有关于文房诸用具的记载和论述。此外，元代陆友所著《墨史》记载了不同时期和地域墨的制作技艺及发展概况，有一定的史料价值。

六、名墨纷呈的明清制墨业

明清时期，徽州仍然作为全国的墨业中心，制墨规模和技艺都有了进一步发展。除松烟墨的制造外，油烟墨和漆烟墨的制造日益广泛，墨的形制和装潢也更加考究，出现了大批各擅其能的制墨名家。墨的用途也由以实用为主，进一步转向鉴赏和收藏。

严格说来，徽州制墨包括歙县、休宁、绩溪、婺源四县。其中绩溪、婺源两县主要从事制墨前期阶段的工作，如点烟、捣制等，成墨的工序则主要在休宁、歙县两地进行。于是，以休宁、歙县两地为中心，分别形成了徽墨的两大派别，其中休宁墨风格文雅、朴素，注重实用，并以擅长制作集锦套墨而闻名；歙县墨因为当地有非常发达的工商业，经济条件优越，是达官显宦及文人的集聚之地，大量文人及书画家自制墨，多请歙县墨工承造，逐渐形成歙县墨派兼文雅和富丽为一体的风格。这样，休宁、歙县两家墨派各擅其能，并相互影响，共同奠定了徽墨的基础。（图M–8）

就制墨材料而言，自古以来，松烟一直是制墨最主要的原料。宋代开始出现油烟和漆烟墨，但直至明清时期才逐渐被广泛采用。这一时期，油烟墨的原料主要采自桐油、油菜籽油、大豆油、胡麻油等，漆烟墨则主要采用树漆烧烟或杂以松烟制造。与松烟墨相比，油烟墨、漆烟墨色泽更加黝

图M-8　明嘉靖年徽州休宁制双螭墨 故宫博物院藏

图M-9　明万历年方于鲁造文犀照水髹彩墨 故宫博物院藏

黑、光亮，并有藏之越久越黑的特点。晚清时期，随着洋务运动的开展，从光绪二十五年（一八九九年）前后起，一些地方开始采用洋烟（即工业炭黑）制墨。因其成本低，故对松烟墨及油烟墨等原有制墨业形成了很大冲击。

明清时代，文房用具成为鉴赏对象的风气日隆，墨的制作也在实用的前提下，愈加追求其欣赏性。除提高墨质外，主要在墨的形制和纹饰图样装潢上加以创造性的发展。除集锦套墨的制作外，单体墨式也丰富多样，主要有长方形、方形、圆形、椭圆形、多边形和各类状物、像生形等。墨面装饰图案及书法也愈益精美，图案主要有各式龙凤、山水、花鸟、动物及人物故事，并用彩绘和泥金加以装饰。明人谢肇淛《五杂俎》评价当时墨业状况说：“造作百端，淫巧沓出，价侔金玉，所谓趋其末而忘其本者矣。”可见其风气之一端。对墨的欣赏性要求，是这一时代文化特性的体现之一，也是墨业文人化风气进一步发展的必然结果。（图M-9）

墨业的空前繁荣，造就了一大批著名墨工。同时，由于墨业的文人化风气影响，墨上署名更成惯例，这些墨工也赖此留名史册。著名者如明代罗小华、程君房、方于鲁、邵格之，清代曹素功、汪近圣、汪节庵、胡开文等。

其中明代罗小华，名龙文，字含章，以号行，为嘉靖时安徽歙县著名墨家。他擅长用桐油燃烧制取桐烟墨，用料考究，加工精细，时人赞其墨曰“坚如石，纹如犀，黑如漆，一螺值万钱”，所制名品有“小道士墨”、“百宴光墨”等。程君房（一五七三～一六二零年），名大约，以号行，别号墨隐道人，墨铺名还朴斋、宝墨斋，著有《程氏墨谱》，也是歙县名墨工。他创制以桐油烟和漆烟合用制墨的方法，所制墨“寂光内蕴，神采坚持”，“坚而有光，黝而能润，纸笔不胶，入纸不晕”。曾自称其墨“上掩千古”，“百年而化黄金”，也确非虚言。所制名品有“寥天一”、“玄元灵气”、“百子图”、“荔枝象”等。方于鲁，字建元，号太玄，著有《方氏墨谱》。原为程君房家食客，后得程氏援助，经营墨业，改进施胶技术，注重装饰图案，所制墨坚实黝黑，光彩夺目。名品有“九玄三极”、“鱼在在藻”等。邵格之，名正己，以字行，嘉靖间休宁墨工，可说是休宁墨派的创始人之一。他与同乡墨工汪中山一同推出“集锦墨”，是墨式及装潢上的创造，适于玩赏和收藏。（图M–10）

清代墨家曹素功（一六一五～一六八九年），名圣臣，字昌言，以号行，为清初歙县墨工，著有《曹氏墨林》。

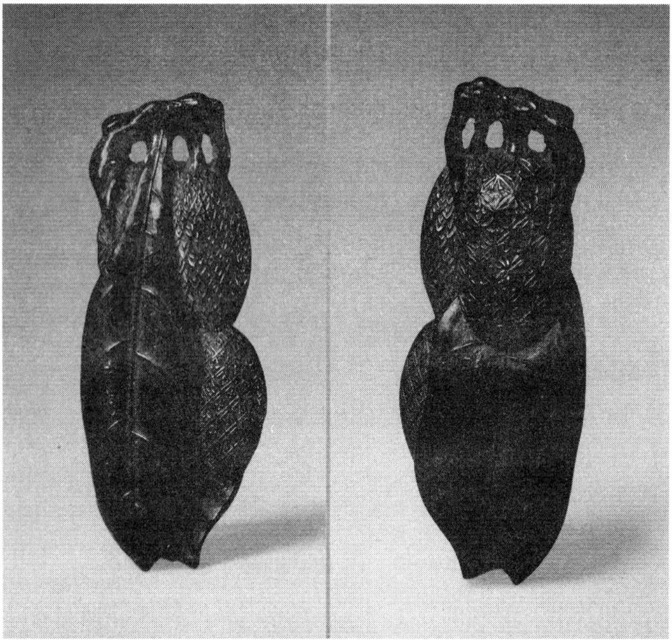

图M–10　明万历年程君房制荔枝香墨 故宫博物院藏

他承继祖业，经营艺粟斋墨店。其制墨系家传秘方，做工考究，曾得康熙赐字“紫玉光”，后制作御墨“紫玉光”、“千秋光”等。其制墨业世代相传，先后为刘墉、李鸿章等名人制作过大量墨，获得了很高声誉，至今不衰。汪节庵，名宣礼，字蓉坞，开设“函璞斋”墨店，制有“西湖十景图诗墨”、“新安大好山水墨”、“名花十友墨”等。汪近圣，绩溪人，著有《汪氏鉴古斋墨薮》。他早年曾为曹素功墨店墨工，后在歙县开设“鉴古斋”墨店，人称其所制墨“坚如金石，其声铿锵。黑如齐漆，其色苍苍”。他曾制作大量御制墨，如“御制耕织图墨”、“文渊阁诗墨”等。“鉴古斋”墨店清末倒闭。胡开文，名胡正，字天注，绩溪人，曾创设“开文”墨店，因以为名，著有《胡开文墨谱》。他制墨精益求精，不断改进配料和工艺，善于发展业务，因此声誉广泛。“骊龙珠墨”、“五老图墨”等是其代表性的名墨。（图M－11）

明清时期除以上八大墨家外，留名史册的墨家记有近二百人。其中著名者还有程嘉燧、汪昆源、朱一涵、叶玄卿、汪春元、吴守默、程季元等。这些墨家以其智慧领导制墨，取得的成就实际上凝结了众多墨工的精湛技艺和辛勤劳动。

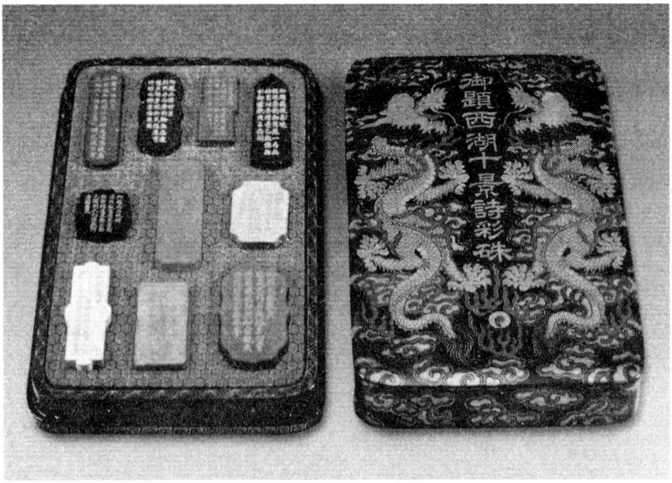

图M-11　清代汪节庵制西湖十景彩珠集锦墨 上海博物馆藏

明清时期墨类著述也十分丰富，如宋应星《天工开物》、沈继孙《墨法集要》、麻三衡《墨志》等。作为明代重要的科技著作，《天工开物》除记述造纸工艺外，并记述制墨工艺的详细过程。其先言“凡墨烧烟凝质而为之。取桐油、清油、猪油烟为者居十之一，取松烟为者居十之九”，后分别详细记述造贵重墨和寻常墨的用料及技术细节，并记述了烧松烟取料的技术经过。由于这些记述是出于作者的实

图M-12　明代宋应星《天工开物》插图《扫取粗烟》

际调查，并附以图解，因此十分翔实。《墨法集要》著者沈继孙本人即为制墨家。此著分步详述制取油烟墨的全过程，记有浸油、水盆、油盏、烟椀、灯草、烧烟、节烟、镕胶、用药、搜烟、蒸剂、杵捣、称剂、磓炼、丸擀、样制、印脱、入灰、出灰、水池、试研等，各步并附以图解，《四库提要》谓其“班班然古法具有，切于实用”。《墨志》为随笔体记述，其中涉猎墨的沿革、制造技术、墨工事迹、墨品等内容，描述生动，也有较高的史料价值。此外，许多墨家自撰墨谱，如程君房《程氏墨谱》、方于鲁《方氏墨谱》、曹素功《曹氏墨林》、汪近圣《汪氏鉴古斋墨薮》、胡开文《胡开文墨谱》等，记述墨的形制及纹样模式，在墨的鉴藏方面有一定价值。（图M−12）

随着文房用具收藏和鉴赏业的发展，仿照墨的形制将颜料捣碎研细和胶入药制成块状，称“彩墨”。明清时期，彩墨又有仿集锦墨而成套装潢，便于收藏和使用。而彩墨尤其是套装彩墨的制作，更体现了墨这种中国书画特殊用材在其实用价值之外，由其实用功能赋予其性质、性状、形态之上的文化性因素，已经具有了普遍性规则的意义。至此，墨作为独立于颜料体系的另一书画用材品类，其意义已充分彰显。

叁　纸史

一、纸的发明

纸发明于汉代，此后逐渐广泛用于书画。汉代作为奠定中国绘画材料、用具基本形态的重要阶段，纸的发明，不仅为人们的书写带来了很大方便，更重要的是，从汉代开始纸在绘画中的应用所促成的绘画技术性的变化，经过数百上千年以后，不仅成就了一种新的绘画样式，而且通过这种样式所体现的中华文化的特性，已经成为了多元的人类文化中具有东方特性的重要类型。

史前及先秦之际，绘画底子主要以岩壁、墙面、织物和各种器表为主，因此，纸在汉代的发明，成为了中国绘画底子变革的重要开端。造纸术发明前后，人们书写主要使用缣帛、简牍。而缣帛昂贵，简牍笨重，加之当时大量书写的需求，需要一种既易得又轻便的材料，于是纸便应运而生。自东汉以来，史籍中关于汉代造纸、用纸的记载有很多。以往人们多认为，造纸术是东汉蔡伦发明的，但据考古发掘证明，中国造纸术至少早在西汉初期即已出现。因此，东汉蔡伦是在当时造纸技术的基础之上，对造纸原料加以拓展，并改进造纸技术，应该是造纸技术重要的改良者和推广者。

现在所见西汉最早的纸，是一九八六年出土于甘肃天水放马滩西汉墓的残纸，称“放马滩纸”，以及一九五七年出土于西安灞桥汉代墓葬区的残纸，称“灞桥纸”。经研究，放马滩纸被断定为公元前一七六年至公元前一四一年，即文帝、景帝时期所造；灞桥纸被断定为公元前一四零年至公元前八十七年，即武帝年间所造。据科学测定，两纸均以麻为主要成分，系用废旧麻絮、绳头、破布等为原料所制，但纸质较粗，色黄，可见创始阶段造纸技术水平还比较低。此外，从一九三三年至一九九零年的数十年间，先后在新疆罗布绰尔汉烽燧遗址、甘肃居延肩水金关、甘肃额济纳河东岸汉烽燧和屯戍遗址、陕西扶风中颜村汉建筑遗址、甘肃敦煌马圈湾汉屯戍遗址及甜水井汉悬泉邮驿遗址等十余处，出土西汉故纸多件，均为麻纸。其中甘肃额济纳河东岸金关屯戍遗址出土“金关一号纸”（前五十二年）、陕西扶风中颜村出土“中颜纸”（一～五年）、甘肃敦煌马圈湾出土部分

“马圈湾纸”（前三十二～二十三年）、甘肃敦煌甜水井出土“悬泉纸”（前八十六～二十三年），纸质白或稍黄，质地较好，技术已有一定进步。出土纸中，有的上有墨书文字，而上述放马滩纸上还绘有地图。可知当时纸张，已用于书写或绘制简单图画了。（图Z–1）

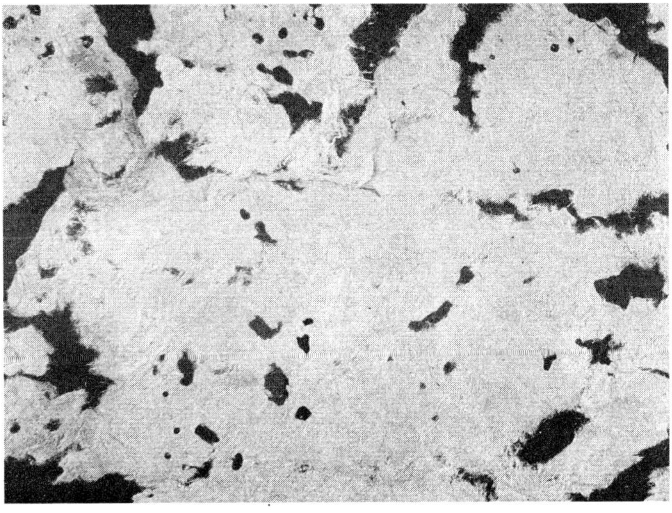

图Z–1　西汉肩水金关纸 甘肃省博物馆藏

经过西汉造纸技术的发展，至东汉初期，造纸业已有一定规模。东汉应劭《风俗通义》载："光武车驾徙都洛阳，载素、简、纸经凡二千辆。"光武为东汉首任皇帝，此素、简、纸经，应为朝廷重要文件典籍，可见纸与素、简在西汉时期已同为重要书写材料。东汉时光武帝对此继续重视，在朝中设尚书台右丞、守宫令，主要掌管印章及宫内库藏和御用纸、笔、墨。据《后汉书》等史籍记载，东汉和帝时，皇后邓绥不好珠玉，唯爱纸墨，禁绝各地贡献珍丽之物，岁时只供纸墨。朝廷的重视，必然会对纸墨的制造业产生重要影响，促进其快速发展。邓太后临朝时，恰值蔡伦为朝中尚方令，主持造纸，使造纸术取得了较大发展，基本完善了后世造纸用材、技术的基本规范。

蔡伦（约六十一～一二一年），字敬仲，桂阳（今湖南丰阳）人，明帝永平末年（七十五年）入宫为宦，章帝建初年间（七十六～八十三年）始为小黄门侍郎，和帝时为尚方令，监制秘剑及诸器械，精工坚密，为后世效法。他主持造纸，曾将所造纸献于朝廷，得到赞许并加以推广，史称"蔡侯纸"。安帝时，邓绥太后临朝，封蔡伦为龙亭侯，封地陕西洋县。此地造纸业，经过近两千年，至今仍较发达。

蔡伦对造纸术的贡献主要体现在两个方面：其一，对造纸原料作了重要拓展。西汉及东汉初年，造纸所用原料主要为破布、绳头等麻类物，自蔡伦始用楮皮、鱼网造纸。《后汉书·蔡伦传》载：蔡伦为尚方令时，“乃造意用树肤、麻头及敝布、鱼网以为纸”。此树肤即树皮，但《后汉书》并未讲明是何种树皮。三国魏人董巴《大汉舆服志》则载：“东京有蔡侯纸，即伦（纸）也，用故麻名麻纸，木皮名榖纸，用故鱼网作纸，名网纸也。”此榖即楮，亦名构，为一种桑科木本植物，其树皮至今仍为中国造纸的重要原料。据考古，至迟在西汉时，人们已开始用楮皮纺线织布，名楮布。蔡伦之前，破楮布也可能为造纸原料之一，但数量有限。自蔡伦始，直接用楮皮造纸，是对造纸技术的一大贡献。另据西晋张华《博物志》载：“桂阳人蔡伦始捣故鱼网造纸。”则蔡伦始用破鱼网造纸，拓展了原料来源，对造纸业发展也有一定意义。其二，改进了抄纸技术。从出土西汉故纸及抄纸实验表明，西汉时抄纸所用纸模罗面，以织物或马尾编织为主。在蔡伦主持造纸时，采用了帘面纸模，主要是竹帘，提高了抄纸质量。这种竹帘纸模，至今仍是主要抄纸用具。

蔡伦改进造纸术以后，造纸技术不断提高，规模不断扩大。汉末献帝时，山东东莱（今黄县）人左伯是一位造纸能手。他所造的纸匀细而有光泽，一时非常有名，称“左伯纸”，对造纸业的发展有一定贡献。此外，数十年来的考古发掘，在新疆、甘肃敦煌和武威、内蒙古额济纳河等地，出土了一些东汉时期的纸。其中一九七四年在甘肃武威旱滩坡出土带字纸，纤维已较细致，纸面也较光滑，应该已经是改进技术后的制品了。（图Z−2）

二、绢地时代纸质的进步

汉代纸发明以后，已逐步应用于书写和绘制图画。但由于初期以麻为主要原料的纸，工艺还比较简单，所制纸质比较粗糙，还不能适用于较精细的笔法描绘。从三国时期开始的纺织技术和纺织业的长足进步，造就了如蜀锦、武侯锦、诸葛锦、沙房锦、常山缣、南布等纺织物名品，河北定州、江南广陵、四川成都等都成为当时的纺织中心。如此，纺织技术的进步促成的绢地材质的较大发展，以及人们对材料的使用习惯等原因，使魏晋南北朝时期的绘画仍以绢为主要底子，并成一时之盛。

在这种盛行绢地绘画的背景下，魏晋南北朝时期的造纸

图Z－2 东汉旱滩坡字纸 中国国家博物馆藏

技术在汉代基础上仍有了很大发展。与汉代纸质及造纸技术相比，这时期的纸质更加洁白、细密，表面平滑；造纸过程中的沤制、蒸煮、舂捣、漂洗、捞纸等工序更是精工细作；抄纸工具在采用织纹和布纹的基础上，更多采用可拆合的帘床抄纸器，大大提高了生产效率和质量，是造纸技术的巨大进步。根据对我国新疆、甘肃等地出土北魏、西凉时期（公元四世纪）纸的化验分析，可知那时纸已开始使用淀粉施胶技术。即在纸浆中掺入植物淀粉糊剂，搅拌均匀，再捞纸。或者将胶剂用刷子均匀涂刷于抄好的纸面，再用石头研光。这样造出的纸强度和柔韧性明显增强。稍后发展为纸面涂布技术，即采用白土或白垩等矿物质粉末代替淀粉施胶，使纸的洁白度、平滑度、紧密性更加增强，吸墨性也更加良好。这种技术后来为历代纸工沿用，所造纸通称“粉笺”。魏晋南北朝时期的造纸原料仍以麻为主，树皮原料也有增加，除楮皮外，开始使用桑皮、藤皮等。当时也有纸业用各种原料混合造纸，从此开后世混料纸之先河。此外，这一时期将东汉发明的染纸技术进一步发展，所染色以黄为主，称“染黄纸”，亦称“染潢纸”，另有青、赤、缥（青白色）、绿、桃花等色纸。晋时并造出“侧理纸”，即晋人王子年《拾遗记》所言："南人以海苔为纸，其理纵横斜侧，因以为名。"关于侧理纸，宋赵希鹄有不同说法，其所著《洞天清禄》曰："北纸用横帘纹，纹必横。又其质松而厚，谓之侧理纸。"但经过近代实验，否定了这种说法，并证明了侧理纸即在普通纸浆中加入少量水苔或发菜，使纸上呈现纵横不规则的青绿色纹理。又有以海苔造纸，谓之"苔纸"者，则此"苔纸"实即"侧理纸"的异名。另外，当时因制纸过程中加入辅料的不同以及工艺的区别，尚有"六和纸"、"凝光纸"、"蜜香纸"、"由拳掌纸"、"剡藤纸"等纸品。南朝宋张永（四一零～四七五年，字景云，纸及墨皆自营造）为制纸名家，后人描述其所制御纸"紧洁光丽，耀日夺目"。当时产纸中心除洛阳、长安、山东东莱以外，并扩展到山西、河北、新疆境内的高昌，以及南方的江宁（今南京）、会稽（今绍兴）、扬州、安徽南部、广州等地。

较为发达的造纸业，使纸在书画中的应用也逐渐普遍，尤于日常书写用途最广泛。由于当时造纸技术的限制，所造纸幅面还比较小，一般大纸也不过尺许。而且，当时一般所制麻纸"缓肤饮墨，不受推笔"（宋《宣和画谱》），因此为许多画家不习用，从而限制了纸在绘画中的应用。但与绢相比，由于纸价相对低廉，所以民间画家还是常用它绘制画稿，一些画家也用纸绘制正式图画。唐张彦远《历代名画记》记载有一些当时的纸底绘画，如曹不兴有杂纸画《龙虎图》、纸画《清溪龙》，顾恺之有白麻纸《三狮图》、白麻纸《司马宣王像》，南朝宋陆子绥有麻纸画《周盘龙》、顾宝光有麻纸画《天竺僧》、顾景秀有麻纸画《蝉雀》，梁元帝萧绎也有白麻纸图《游春苑》等。从传世晋陆机《平复帖》，以及新疆阿斯塔那、巴州楼兰故城，以及甘肃敦煌等地出土魏晋南北朝时期书写用纸，可以了解当时纸的状况。而一九六四年新疆吐鲁番出土东晋时期纸底设色画《地主生活图》，纵近半米，横一米余，系由六张麻纸联拼而成，是现今所见最早的纸底绘画，也可见当时绘画用纸之一斑。（图Z-3）

三、纸、绢并盛的时代

隋唐时期，造纸技术的进步和纸业的兴盛，使纸的应用进一步普及。当时书写用材已以纸为主，不过纸在绘画中的应用并不如书写普遍，但纸与绢同作为绘画底子，已经不分伯仲。一方面，隋唐绘画仍以工细的重着色技法为主，要求

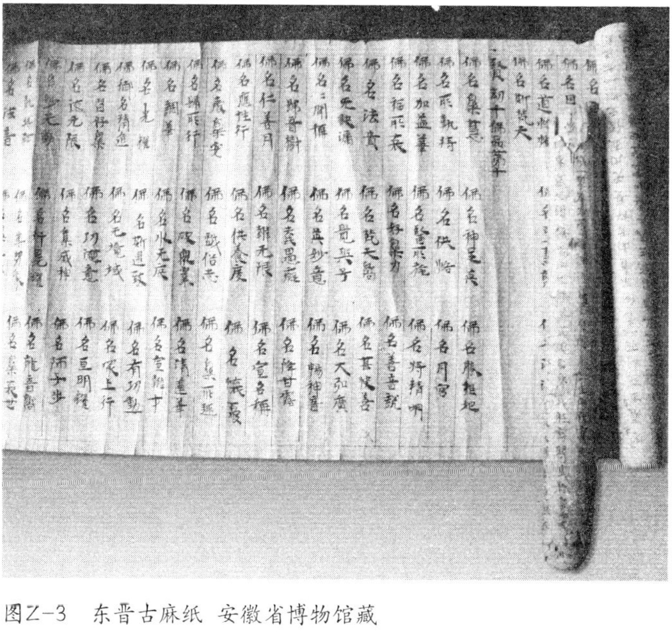

图Z-3　东晋古麻纸 安徽省博物馆藏

画地平整匀细，能经反复涂染而不损坏，而当时的纸质虽已有很大进步，但还不能完全适应唐代这种主流画法的需要，使用受到一定限制。尽管如此，从汉代以来纸在绘画中的应用，以其便捷、廉价等不可替代的优势一直处于上升趋势，纸质及工艺也有了很大提高，显示了它未来在绘画中的应用必然日趋重要；另一方面，发达的纺织业也为绘画提供了更加丰富和优良的绢材，制绢技术的提高和绢的优良特性，使它在绘画应用中仍占据相当大的分量。当时绢有粗细、生熟之分，质地较前代愈益精细平整，比较适宜精细描绘。因此，隋唐时期的绘画底子，实际上进入了纸、绢并盛的时代。

隋唐时期的造纸工艺在魏晋南北朝时期的基础上有了很大提高，造麻纸除仍然使用破布等废旧材料以外，已经更多直接采用生麻纤维等材料。楮皮纸由于洁白、光亮、质地绵软，因又称“蚕茧纸”、“绵纸”，备受人们，尤其书画家欢迎，产量猛增，而文人更有称其为“楮先生”、“楮国公”、“楮知白”的，可见钟爱之深。除楮皮外，皮纸原料中的桑皮、藤皮等用料也在增加，另有瑞香皮、木芙蓉皮等也被采用，混合原料的应用也逐渐增多，尤其以藤皮造纸几达全盛阶段。除晋时出现的剡溪（今浙江嵊县一带）所产剡藤纸，婺州（今浙江金华）、余杭（今杭州）、衢州（今浙江衢州）、信州（今江西上饶）等地也开始制造藤纸，品质更加提高。同时，唐代还开拓了以竹为原料制纸的新工艺，造纸过程中的制浆、抄造技术和设备也有所提高。宋人周密《癸辛杂识》记载："凡撩纸，必用黄蜀葵梗叶，新捣方可撩。无，则粘黏，不可以揭。如无黄葵，则用洋桃藤、槿叶、野葡萄皆可，但取其不粘也。"由此可以推知，至迟从隋唐开始，皮纸制浆时已采用加入植物黏滑液（纸药水）的技术，以抄造较薄的纸张。为防虫蠹，那时也开始在纸上涂染黄檗等汁液，称药黄纸。抄纸工具所用罗纹纸帘此时已经淘汰，而帘纹开始普及，以竹帘为主，有的帘纹纸帘已十分细密。（图Z-4）

宋邵博《闻见后录》云："唐人有熟纸、生纸。"可知唐代纸已开始有生熟之分。此生纸指制成后未经其它方法加工的纸，唐时尚未用于正式绘画。熟纸即制作过程中或制成后又经过若干步骤的技术处理，以提高坚韧度或使它具有某种特殊效果，亦即邵博所说"熟纸所谓妍妙辉光者，其法不一"。一般来说，加工熟纸的技术包括研光、施胶、加蜡、

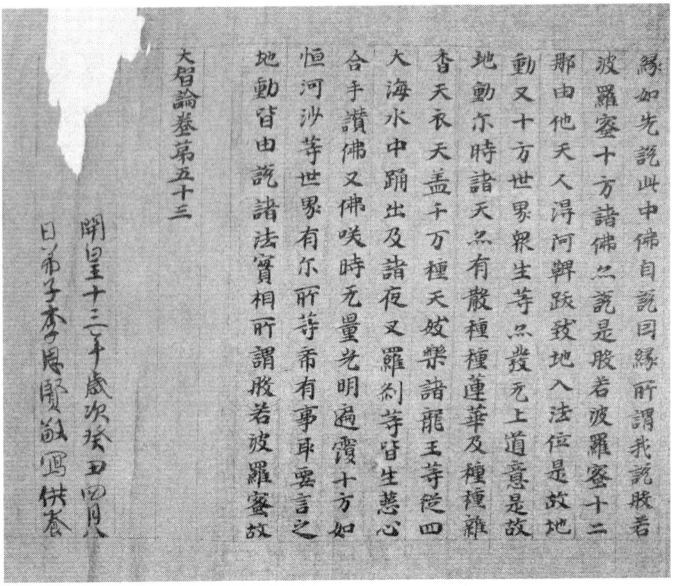

图Z-4　隋代药黄写经纸 安徽省博物馆藏

填粉、涂布等，而尤以施胶最重要。熟纸之所以也称为加工纸，即就其有更多的加工技术和步骤而言的。当时有专门的熟纸匠从事这项工作，采用不同技术，可以制作出不同类型的熟纸，如硬黄纸、硬白纸、彩色腊笺、粉腊笺、流沙笺、金花笺、银花笺、砑花纸、花帘纸、彩色砑花纸等。历史上有名的云蓝纸，即为诗文家段成式在九江所造，以有蓝色云状纹得名，温庭筠曾作《答段柯古见嘲》诗赞此纸曰："彩翰殊翁金缭绕，一千二百逃飞鸟。尾生桥下未为痴，暮雨朝云世间少。"久负盛名的薛涛笺，即为女诗人薛涛（七六八～八三一年，字洪度，长安人，居成都）发明，用以写诗填词。明宋应星《天工开物》谓薛涛笺系木芙蓉皮纸，因加入木芙蓉花末汁而使纸呈粉红色。历代文人多有题咏此纸者，如李商隐《送崔珏往西川》诗曰："浣花笺纸桃花色，好好题词咏玉钩。"五代韦庄《乞彩笺歌》曰："浣花溪上如花客，绿闇红藏人不识。留得溪头瑟瑟波，泼成纸上猩红色。"鱼子笺，又名罗纹笺，也是产于四川的著名砑花纸品之一。宋苏易简《文房四谱》曰："以细布先以面浆胶，令劲挺，隐出其纹者，谓之鱼子笺，又谓之罗笺，今剡溪亦有焉。"说明了其制作的基本方法。此外，五代陶榖《清异录》载：

"先君蓄纸百幅，长如一匹绢，光紧厚白，谓之鄱阳白。"陶毂先君陶涣为唐昭宗时人，所藏纸应当制于昭宗时期或之前，可见唐代已能造出长丈余的巨幅纸了。（图Z-5）

隋唐时期的造纸区域不断扩大，以长江中下游和关中、中原、山东、四川为中心，几乎遍及全国各个地区。所制纸用途也愈益广泛，除日常生活以外，主要用于书写和绘画，一般图书、史籍、信札、经文，已几乎全部用纸书写或印制了。许多书法名品，如冯承素所摹王羲之《兰亭序》，即用桑皮纸书写，杜牧名迹《张好好诗》也是书于麻纸上的。

唐代安徽宣州（主要指泾县）盛产楮树，所造楮皮纸有很高声誉。《新唐书·地理志》即有宣州贡纸的记载。张彦远《历代名画记》曰："好事家宜置宣纸百幅，用法蜡之，以备摹写。"即用宣纸加蜡，使较透明，用以摹写绘画，这是最早关于宣纸名称的记录。摹拓绘画一般要求纸张薄而紧密，细致透明，可见这时的宣纸已比较符合这种要求，并经常用于摹拓绘画或用作一般画地。当时内库翰林集贤秘阁专门制作官拓，承平盛世，拓写不辍，即可能使用宣纸。其它地区所制纸也有经常用于绘画的实物和记载。如新疆阿斯塔那唐墓出土先天二年（七一三年）和开元四年（七一六年）

图Z-5　唐代硬黄纸

户籍帐，纸本，背面绘两幅树下人物图，设色。一九五六年浙江龙泉金沙塔中发现的唐代经卷残片，其上随经文绘制阿弥陀经变图，亦纸本设色。一九六九年新疆吐鲁番唐墓出土唐代设色花鸟图，有装饰图案的性质。画幅巨大，由数幅纸粘结而成，纸质为经涂布研光的白色麻纸。最著名的，一为韩滉所作《五牛图》，绘制于桑皮纸底（一说为麻料），纸面平滑，由五幅小纸横向联拼而成。另一为韩干《照夜白图》，亦纸本。由此可见，纸张用作画地，已普及于各个阶层。此外，《历代名画记》等史籍尚记载有一些纸本绘画，如展子虔有白麻纸画《法华变》等。（图Z–6）

图Z–6　唐代桑皮纸（韩晃《五牛图》部分）　故宫博物院藏

四、皮纸的普及和笺纸的精制

对于绘画史而言，五代两宋时期是画法大转变的时代，精工富丽的画法保持了唐代的基本风格，而水墨画法继唐代王维以后逐步兴盛，使得纸这种材料愈来愈显示出它对新画法非常适用的优越性，因此迅速普及。同时，笺纸的精致和名品的出现，启示了这种书画用材更多的可品鉴性及其所具有的更高品格。

从五代两宋时期开始，皮纸逐渐广泛用于书画。这时的皮纸制造业发展迅速，产量、技术较前代有了较大提高。随着设备的改进和在纸浆中加入植物黏液技术的进一步推广，可以造出长数丈的巨幅纸。当时纸的大小已有常样、降样、大抄、京连、三抄、京抄、小抄等七类，名“七色纸”。楮类、桑类等各类皮纸制造都愈益精制。皮纸在新原料的开发上也取得了一定进展，如以槟榔皮等为原料造纸兴起，而自汉代以来一直居主导地位的麻纸随之退居其次。这是因为，皮纸与麻纸相比，具有质地更加洁白、平滑，且柔韧性高等优良特性，几乎适于各种用途。尤其皮纸用于书写和绘画以来，书画家在长期的使用过程中，对其性能逐渐有了更加深入的了解和掌握。皮纸受墨性能好、洁白，适于用墨设色，平滑的特性宜于运笔，较高的坚韧性易于卷舒，因而深为画家喜爱，应用更加广泛。加之制造皮纸原料供应充足，可大量生产，遂得逐渐普及。根据对现存五代两宋纸本书画纸质的化验，绝大部分为皮纸或树皮与其它材料混合纸，只有极少数为麻纸或竹纸等。如李公麟《维摩演教图》、赵昌《写生蛱蝶图》、毛益《牧牛图》等均为楮皮纸本，而《维摩演教图》纸质更匀细平滑，为当时上乘楮皮纸制品。杨无咎《四梅花图》为桑皮纸本，米友仁《潇湘奇观图》、赵芾《长江万里图》、法常《写生蔬果图》、李公麟《五马图》、赵佶《柳鸦图》等也为不同的皮料纸本绘画。另外，米芾、苏东坡的许多法帖，如《苕溪诗帖》、《韩马帖》、《人来得书帖》，以及赵佶《千字文帖》等，也是书于各类皮纸上的法书名作。（图Z–7）

澄心堂纸是皮纸的一种，为历史上久负盛名的书画用纸，起于五代南唐后主时。澄心堂本为南唐初主李昪节度金陵时闲居和处理日常事务的场所，传至后主李煜时，因后主工于书画，特设官局监造佳纸，并取名“澄心堂纸”。澄心堂纸当时专供御用及赏赐群臣，南唐灭亡后，开始流向社会，以其质地佳美备受文人和画家青睐，遂开始大量仿造，

图Z-7 北宋楮皮纸（李公麟《维摩演教图》部分）
故宫博物院藏

历数代不绝。

南唐澄心堂纸制造于歙州和池州（今安徽歙县和贵池），原料为楮皮。由于其精细和独到的加工技艺，使澄心堂纸具有洁白、平滑、厚重、坚韧、易受墨等宜于书画的优良特性，蔡襄曾誉其为纸中第一品，当时许多文人也曾赋诗赞美。如梅尧臣《永叔寄澄心堂纸二幅》诗曰："滑如春水密如茧，把玩惊喜心徘徊。蜀笺脆蠹不禁久，剡楮薄慢还可咳。"意谓其性滑而质密，较蜀笺坚韧，较剡楮厚重。又梅尧臣诗《答宋学士次道寄澄心堂纸百幅》曰："寒溪浸楮舂夜月，敲冰举帘匀割脂。焙干坚滑若铺玉，一幅百金曾不易。"意谓澄心堂纸以冬季溪水浸料，夜间舂料，并以敲冰水拌浆，帘抄。用冰水浸料拌浆，取其无菌，纯净，能提高纤维悬浮度，可抄平滑匀细的纸张。

由于南唐澄心堂纸特性优良，价格昂贵且数量有限，北宋时期遂开始大量仿造。从宋人刘敞、欧阳修、潘谷及梅尧臣等人的诗中可以了解到，梅尧臣曾从欧阳修、宋敏求处获赠澄心堂纸若干，又将部分转赠潘谷。潘谷，字伯恭，歙州人，善制墨，又能造纸。由于澄心堂纸本出于歙州，潘谷于是首先仿制。从此，仿澄心堂纸开始大规模生产，并广泛用于当时绘画和书写。明屠隆《纸墨笔砚笺·纸笺》曰："宋纸，有澄心堂纸，极佳，宋诸名工写字及李伯时画多用此纸。"此处所说澄心堂纸，应为宋代的仿制品。宋代仿澄心堂纸较南唐澄心堂纸稍薄，这是鉴别两者的关键特征。

在澄心堂纸因仿制而流行的同时，笺纸也开始进入发达阶段。各类加工方式如染色、砑花、印染、描绘、加料、泥金银，以及金银屑、金银粉及其它色料、药料的运用，使名目繁多的笺纸种类大量出现。其中以谢公笺、金粟笺、瓷青纸最著名。此外，一些制作精良的砑花纸、水纹笺、金花笺、粉蜡笺、染黄纸、鱼子笺等优质纸品也时而可见。这些纸品主要用于书写，有的也常用作绘画。

谢公笺与唐代薛涛笺齐名，为北宋人谢景初所造。谢景初（一零二零～一零八四年），字师厚，富阳（今浙江富阳）人，历官余姚县令、海州通判、成都路提刑等。他所制造的谢公笺，系十色笺纸，与薛涛笺只粉红一色相比，大为丰富。据元人费著《蜀笺谱》所记，谢公笺十色分别为深红、粉红、杏红、明黄、深青、浅青、深绿、浅绿、铜绿、浅云等。《蜀笺谱》又记北宋初人杨亿（九七四～一零三九年，早于谢景初）《谈苑》载韩溥《寄弟诗》云："十样蛮笺出益州，寄来新自浣花头。”此“十样蛮笺”与谢公笺同出一地。因此说，谢公笺可能是受“十样蛮笺”的启发而制造的。金粟笺以“金粟山藏经纸”而得名。浙江海盐金粟山下金粟寺于北宋熙宁年间（一零六八～一零七七年）写造大藏经以为镇寺之宝，得万卷千轴。此经纸明代时大量流出寺院，散落民间，遂以其质美而闻名。明人胡震亨《海盐县图经·杂识篇》曰：“金粟寺有藏经千轴，用硬黄茧纸，内外皆蜡，摩光莹（滑），以红丝栏界之。书法端楷而肥，卷卷如出一手。墨光幽泽，如髹漆可鉴。纸背每幅有小红印，文曰“金粟山藏经纸”。有好事者，剥取为装潢之用，称为宋笺，遍行宇内，所存无几。”今存晋陆机《平复帖》、明文征明《漪兰室图》卷轴引首，即以宋金粟笺为底。此纸经今人化验，证明为麻纸和桑皮纸两种，而以皮纸居多。其纸色黄或浅黄，两面加蜡并研光，制作精细，故帘纹不显。较厚，可分层揭开，因此也可说是唐代硬黄纸的延续。与金粟山藏经纸同一时期，另有法喜寺所藏大藏经，背钤“法喜大藏”小红印，用纸与金粟山藏经纸基本相同。瓷青纸以其色染靛蓝，似青瓷釉色而得名。明周嘉胄《装潢志·贴签》云：“宋徽宗、金章宗多用瓷蓝纸泥金字，殊臻庄伟之

图Z-8　宋代金粟山藏经纸 安徽省博物馆藏

观。”此瓷蓝纸即瓷青纸，有的经表面加蜡砑光，书以泥金字，十分鲜明。一九七八年苏州瑞光寺塔出土五代大和辛卯（九三一年）泥金书瓷青纸《妙法莲花经》，卷首并有泥金绘经变人物图。（图Z-8）

此外，五代两宋砑花纸以宋初颜直之（字方叔，号乐闲，工画人物）所制色笺较有名。明陈继儒《妮古录》卷二云：“宋颜方叔尝制诸色笺，有杏红露、桃红、天水碧，俱砑花竹、麟羽、山林、人物，精妙如画。亦有金缕五色描成者，士大夫甚珍之。”颜直之本人善画，他的色笺采用了染色、砑花、五色描绘等方法，十分精美。今传世宋代以砑花纸所作书画，主要有米芾《韩马帖》，纸面有云中楼阁图案，即砑花。宋末元初画家李衎《墨竹图》（纵二十九厘米，横八十七厘米），画幅稍大，纸角有“雁飞鱼沉”、“溪月”等字，纸面为雁飞于空，鱼浮于水的图画。此纸为白色皮纸，表面经加蜡并砑光，可称为砑花蜡笺纸，应为宋代制造，使用于元初。水纹纸发明于唐代，宋代继续有制造，制法近于流沙笺。传世宋代水纹纸面法书有李建中《同年帖》、沈辽《所苦帖》等。金花纸也创制于唐代，宋代时制造技术有一定进步，所制品种有金花凌纸、五色凌纸、大凌纸、小凌纸等，主要用于书写宋代宫廷各级公文。粉蜡纸为将云母粉饰于纸面，使呈现银白色光泽。今见宋徽宗草书《千字文》即书于泥金绘云龙纹粉蜡笺上。染黄纸、鱼子笺从隋唐到五代两宋均有制造，方法基本一仍其旧。尤其染黄纸，由于具有防蛀的功能，五代两宋制作比较兴盛。（图Z–9）

除此以外，竹纸、还魂纸这时期也有制造，一些外来纸品在绘画中也时有应用。竹纸虽发明于唐代，但直至北宋才开始有较大发展。当时竹纸的制造，主要集中于江南盛产

图Z-9　宋代砑花蜡笺纸（元李衎《墨竹图》）　故宫博物院藏

竹的地区。苏易简《文房四谱·纸谱》曰："今江浙间以嫩竹为纸。如作密书，无人敢拆发之，盖随手便裂，无复粘也。"此江浙，指今浙江。这段话同时说明，北宋初期浙江所产竹纸性脆，不够坚韧。随着技术的进步，竹纸质量很快提高，逐渐受到更多文人青睐。王安石、苏东坡、米芾等都喜用竹纸。据载苏东坡遇赦自儋州归来后，曾托人购买大批越州（今绍兴）竹纸。米芾在《评纸帖》中，也说自己年五十余始用此纸，觉紧薄可爱，在油掌上，并作《越州竹纸诗》曰："越�万杵如金版，安用杭由与池茧。高压巴郡乌丝栏，平欺泽国清华练。老无长物适心志，天使残年司笔砚。"其诗对越州竹纸予以高度赞颂。南宋时竹纸制造技术又有所提高，施宿《嘉泰会稽志·物产志》中称姚黄、学士、邵公为竹纸三大上品，并指出竹纸的五大优点：滑、发墨、宜笔、不脱墨、不蠹。今存宋代竹纸书画，以米芾《珊瑚笔架图》（《珊瑚帖》）最著名。宋摹王羲之《雨后帖》、王献之《中秋帖》也为竹纸地。此外米芾《公议帖》、《寒光二帖》、《新恩帖》等则为竹麻或竹楮混料纸地。尽管竹纸品性优良，但对于书画言，毕竟皮纸更胜一筹，因此竹纸的应用并不如皮纸普遍。（图Z-10）

古时为了节约成本，将废旧纸回槽，重新制成纸浆，或拌入新纸浆中所抄纸，明宋应星《天工开物》称其为“还魂纸”。还魂纸最早起于何时，不能确定，但今见最早的还魂纸为出于敦煌石室的宋太祖乾德五年（九六七年）写本《救诸众生苦难经》。此纸帘纹，白间粉色，麻纸，应为此前不久所造。此外，还魂纸也有南宋实物发现。而关于制造还魂纸的记载，最早见于元马端临《文献通考》卷九“纸币考”。但由于还魂纸纸质较差，除用于书写、印书等用途外，尚未发现有用于绘画的实物遗存，可能极少用于绘画。

宋代时期朝鲜半岛的高丽王朝造纸技术也很发达，所制纸坚实、厚重，具有本地特色，统称“高丽纸”。这些纸当

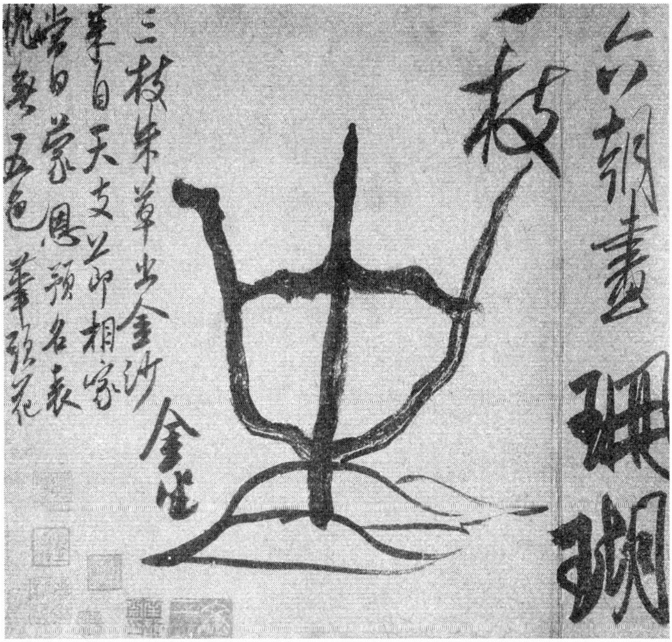

图Z-10　宋代竹纸（米芾《珊瑚帖》部分）故宫博物院藏

时作为贡品流入中国，颇受欢迎，并用以绘画和书写。如黄庭坚、完颜璟等人即喜用此纸挥毫。北宋人徐竞记述高丽纸曰：“不全用楮，间以藤造，槌捣皆滑腻，高下不等。”宋陈槱《负暄野录》记曰：“高丽纸类蜀中冷金，缜实而密。”可知高丽纸材料与制法，与我国制纸大致相同。此外，日本、印度等国纸张也有传入我国，并用于书画等。此后，外来纸历代均有输入，但用作绘画的，仍以高丽纸最著名。

五、纸地时代的到来及元代纸品

文人画的盛行、水墨画法的发展，以及以书入画、逸笔草草等画法的兴起，使元代绘画的用材也发生了一定变化。这时，纸代替绢成为绘画的主要底子，从此开启了书画纸地时代的到来。文人作画，本为余事，而日常书写自唐宋以来已以纸为主，因此他们在作画时，必然首先选择性能已极为熟悉和来源方便的纸。同时，文人画注重以书入画，书画之间用笔用墨同法的原理，也使文人们的绘画更多采用纸。对于文人而言，以纸作画，可使绘画的笔法便于具有书法用笔的趣味，并便于挥毫运墨，由此纸地遂代替绢地而盛行。

元代绘画用纸种类与宋代基本相同，以皮纸为主，有楮皮、桑皮等。元代皮纸制造业在宋代基础上虽无特别进步，但基本保持已有的发展技术与成就，因此仍比较发达。元代较多用纸作画的画家主要有“元四家”黄公望、王蒙、吴镇、倪瓒以及钱选、赵孟頫、柯九思、王冕等人，多为文人画家，现存这些画家的作品大多为纸本。据对中国古代书画鉴定组编写的《中国古代书画目录》中上海博物馆所藏元代绘画作品统计，六十二件元代绘画作品中有纸本四十二件，而“元四家”的二十三件作品中，纸本有二十二件。又据研究，现存黄公望《溪山雨意图》画地为桑皮纸，赵孟頫《从骑图》、朱德润《秀野轩图》、张逊《双勾竹图卷》等大量元代纸本绘画，均以皮纸为底。这些纸质大多洁白平滑，纤维匀细，为条纹细帘抄造，堪称上等皮纸，体现了元代绘画用纸的品质状况。（图Z-11）

元代制纸业的发展，也造就了一些著名纸品。自南唐以来的澄心堂纸，元代继续有仿造。元人费著《蜀笺谱》记曰：“澄心堂纸取李氏澄心堂样制也，盖表光之所轻脆而精绝者，中等则名曰玉水纸，最下者曰冷金笺，以供泛使。”所说元代仿澄心堂纸，轻脆而质精，应为仿宋法制造。其中“冷金笺”为洒金纸，可能为以洒金弥补较宋代仿澄心堂纸

图Z-11　元代皮纸（张逊《双勾竹图卷》部分）故宫博物院藏

纸质稍差的不足。除仿澄心堂纸外，元代并有仿薛涛笺。清王士祯《香祖笔记》引“雪蕉馆纪谈”云：“明玉珍在蜀，有成都人陆子良能造薛涛笺，工巧过之。玉珍建捣锦亭于浣花，置笺局，俾子良领其事。”明玉珍当时自称蜀王，以官办笺局仿制薛涛笺，规模应当是比较大的。

明人殿纸、端本堂纸及各类蜀笺等纸品在元代也较有名。其中明人殿纸和端本堂纸为元内府所用加工纸，明清流传后始著名。两纸名称均取自元内廷殿堂名，各有小印钤于纸的右下角。这种纸为皇室专用，制作精良，有富丽堂皇的皇家气格，系将色笺、粉笺、蜡笺三者予以结合，再泥金绘出图案，可说是宋代粉蜡笺的直接延续。此纸主要用于书写，亦可绘画，清代乾隆年间有仿造。元代蜀笺发达，费著《蜀笺谱》有详细记载。其曰："今天下皆以木肤为纸，而蜀中乃尽用蔡伦法。笺纸有玉版，有贡余，有经屑，有表光。玉版、贡余杂以旧布、破履、乱麻为之，惟经屑、表光非乱麻不用。"这是关于蜀笺中麻纸的状况，说明元代时蜀地麻纸制造仍在继续。《蜀笺谱》并记录了彤霞笺、百韵笺、青白笺、学士笺、假苏笺的制作状况。彤霞笺即宋代霞光笺，"盖以胭脂染色，最为靡丽。"百韵笺系合玉版、表光两材所制。青白笺背青面白，故名。学士笺，长不满尺，又有小学士笺。假苏笺为"仿姑苏杂色粉为之"，"皆印金银花于上"。又谓蜀笺与徽纸、池纸之"轻细"相比，有"体重"的特点，因此当时蜀地视纸有以轻为贵的习尚。此外，绍兴所出彩色粉笺、蜡笺、黄笺、花笺、罗纹笺，温州所出蠲纸、桑皮纸等也极佳。据明代王佐《新增格古要论》记载，江西所出白箓纸、匹纸、清江纸，赵孟頫、张伯雨（一二七七～一三四八年）、鲜于枢（一二五六～一三零一

图Z-12　元代桑皮纸（黄公望《溪山雨意图》部分）
中国国家博物馆藏

年）等人多用以作画、书写。此外，元代也有高丽纸等外来纸用于绘画。（图Z-12）

六、生纸的应用与宣纸等名品

明清时期，书画以纸为地更加普遍，与绢、绫等其它材料相比已占绝对优势。特别是明代中期以后，由于绘画风气的转变，使得纸在绘画中的应用更加普及。随着制纸技术的进步，书画用纸在纸质上有所进步以外，生纸开始应用并迅速推广，成为明清时期书画用纸最显著的变化。与此同时，人们对纸性品格有了更细致的体会和更高级的要求。宣德纸和泾县纸等新的著名纸品相继出现，并在书画中广泛应用。

生纸是指抄成后基本未经再加工的纸张，其特点是渗化性能强，易吸墨。这种纸在绘画中的广泛应用，是由明代中叶吴门画派的出现开端的，其中沈周是现知最早使用生纸作画的著名画家。在此之前，绘画用纸多为半熟纸或经精制加工的熟纸，适宜用来绘制着色和工笔画。自从宋代水墨画法逐渐兴起，尤其元代文人画兴盛以来，其对“墨分五色”和书法用笔的要求，需要纸张具有较强的受墨性，能够体现笔法和墨色丰富变化的痕迹，而生纸恰恰能够适应这种变化的要求，遂在绘画中得到大量应用。尤其明代嘉靖前后，陈淳、徐渭等人画花鸟创大写意技法，运用浓淡不同墨色在未干时相互渗化的作用，取得淋漓酣畅的水墨效果，就是在生纸上完成的。清代以后，生纸已为更多画家，主要是文人画家采用，如清初八大山人、石涛、髡残，清中期扬州八怪中的郑燮、黄慎、李方膺、李鱓、高翔，清末海派赵子谦、虚谷、蒲华、任颐、吴昌硕等，均主要用生纸作画。生纸的盛

图2-13 明代皮纸（徐渭《墨葡萄图》）故宫博物院藏

行，既是文人写意画技法运用的要求，而在其应用过程中，又促进了写意画技法的丰富和拓展。同时，生纸的盛行，也表明了文人画注重书写笔法及墨色的运用已成画法主流，因此标志着绘画已具有更加显著的文化性意义。（图Z-13）

当然，生纸的性能主要是由制纸的工序和技术决定的。就材料言，明清书画用纸仍以皮纸为主，竹纸等其它原料纸也有使用，但多数纸的质量一般。如蒋玄佁《中国绘画材料史》说："明代书画用纸类皆用皮纸，惟精制者不多，试观石涛作品，其纸面不及现代宣纸之光滑。所谓用矾水荡过毛茨不起，可证明明代的纸并非精制，均用极稀的矾水制过，试将明代绘画加以检点，确有此种情形，但矾质无现代矾纸之重量，故近半生半熟，墨色似化而非全化。"当然，除这种制作一般的纸张外，明清绘画用纸也有十分精致的高级纸。当时笺纸技艺进一步发展，已达高峰阶段，其中以宣德纸和泾县纸制作的笺纸更是其中最著名的书画用纸品种。

宣德纸是明代宣德年间（一四二六～一四三六年）开始，由江西西山纸局所造楮皮纸系列的统称，系由西山贡纸演变而来，可用于绘画、书写等。明代江西新建学者陈弘绪《寒夜录》卷下记："国初贡纸，岁造吾郡西山，董以中贵，即翠岩寺遗址以为楮厂。其应圣宫西皮库，盖旧以贮楮皮也。今改其署于信州，而厂与寺俱废。”这段话记录了明初江西西山制造贡纸的大致情形。经今人潘吉星考证，此贡纸当时于永乐年间（一四零三～一四二五年）用以抄写《永乐大典》。该纸洁白，纸质匀细、坚实，属上乘楮皮纸，可说已超过澄心堂纸的质量。此贡纸到宣德年间品种愈益增多，遂以宣德纸而名。宣德年后，宣德纸继续生产，多供内府御用和赏赐群臣。后从内府传出，始为世渐重。直至清代，宣德纸继续受到重视。康熙近臣查慎行《人海记》卷下云：“宣德纸有贡笺，有绵料，边有‘宣德五年造素馨纸’印。又有白笺、洒金笺、五色粉笺、金花五色笺、五色大帘纸、瓷青纸，以陈清欵第一。”乾隆时邹炳泰《午风堂丛谈》记曰：“宣（德）纸至薄能坚，至厚能腻，笺色古光，文藻精细。有贡笺，有绵料，式如榜纸，大小方幅，可揭至三四张。边有‘宣德五年造素馨纸’印。白笺坚厚如板，面面砑光如玉。洒金笺、洒（金）五色粉笺、金光五色笺、五色大帘纸、瓷青纸，坚韧如缎素，可用书泥金。”由此可知宣德纸品类之丰富，以及质地之优良，堪称纸中上品。据清阮元《石渠随笔》所记，明宣宗朱瞻基所作写生小幅，画山

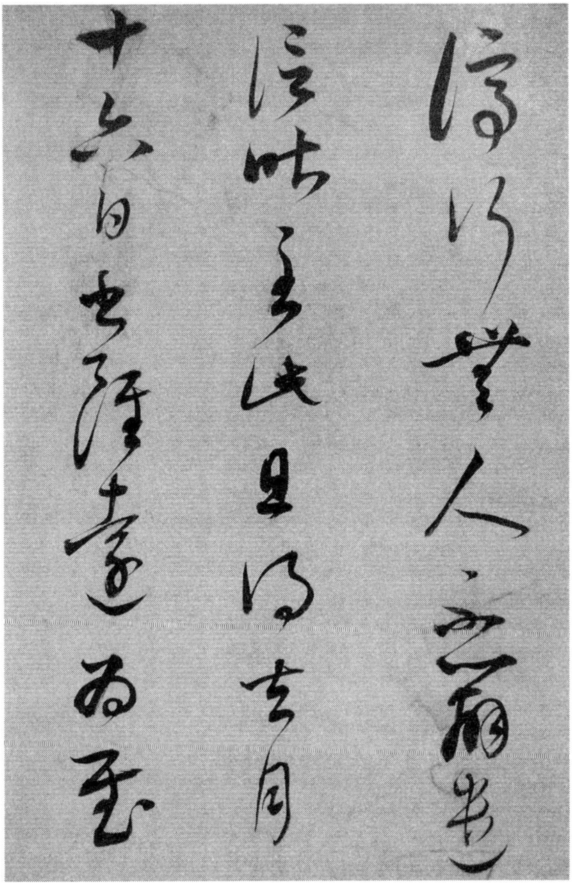

图Z-14 明代宣德纸（董其昌《临魏晋唐宋诸书卷》部分） 苏州博物馆藏

石、松鼠、荔枝，董其昌书画合璧八册中之水墨画，以及苏州博物馆所藏董其昌《临魏晋唐宋诸书卷》，即以宣德纸所作。宣德纸的制造，在优质书画纸的发展中有承前启后的作用。（图Z－14）

泾县纸即著名的安徽泾县宣纸，是明清时期兴盛起来的以青檀皮为主要原料的书画用皮纸，系因地（泾县属宣州所辖）而得名。宣纸历史可上溯至唐代，但那时的宣纸原料可能与明清时期并不相同。在长期的发展过程中，泾县宣纸的制造技术和用料不断改进，品质不断提高，深得书画家喜爱。明人沈德符《飞凫语略》记曰："泾县纸，粘之斋壁，阅岁亦堪入用。以灰气且尽，不复沁墨。往时吴中文、沈诸公又喜用。"可知文徵明、沈周等吴门画家即常用泾县纸作画。清人沈士铨也有诗咏泾县纸曰："司马赠我泾上白，肌理腻滑藏骨筋。平浦江添展晴雪，澄心宣德堪为伦。"此言泾县纸质地洁白、光滑且有筋骨，如江上晴雪，堪与澄心堂纸、宣德纸媲美。明清品评纸品，也由此可见。正因此，泾县宣纸在明清时期常作高级书画纸及内府、官府用纸。清代时，泾县并曾仿制宣德纸，因而又吸收宣德纸之长，使其技术得到改进，质量更加提高，从而超过宣德纸，成为清代最为流行的书画用纸。后来，由于泾县宣纸产量猛增，造纸所用原料青檀皮日益短缺，于是开始在青檀皮料中配入楮皮或沙田稻草等其它原料。因此直到清末时，泾县宣纸实际已多为檀皮与楮皮或稻草所制的混料纸。此法在明代宋应星《天工开物》中即已提倡，只是清末更为普遍。但在制作混料纸的同时，泾县宣纸仍然保留了纯料纸的制造工艺，并名之曰“净皮”或“净料”以示区别。清末民国后，由于宣州所辖泾县等地所产宣纸在书画中的广泛应用，“宣纸”之名后来发生衍变，已泛指各地所产书画用皮纸了。

七、笺纸技艺和品质的高峰

明清笺纸加工技艺在宋元基础上更有提高，工艺更加精致，出现了一些新的加工纸品种，并继续有仿古纸制造。这些加工纸除用于书写外，许多也用以作画。由于笺纸工艺的精致，纸质品性本身的鉴赏性也更增强。

明清笺纸加工所用原料主要为当时著名的优质纸品，如宣德纸、泾县宣纸，另外也有如浙江桑皮纸，福建、陕南竹纸等。前述宣德纸已言，以宣德纸为原料的加工纸主要有白笺（素笺）、洒金笺、五色粉笺、金花五色笺、五色大帘纸、洒金五色粉笺、瓷青纸等十多个品种。其中白笺主要经研光的简单处理，用于作画或书写。瓷青纸较厚，先以靛蓝染色，再经研光、涂布蜡质，专用泥金作画或写字。其它纸也经染色、研光、洒金、泥金绘图等技术加工后用于作画或写字。另有始制于宣德年间的羊脑笺，系以宣德瓷青纸为材料的再加工纸。其制成后黑如漆，明如镜，用以泥金作画写字。清代主要取泾县宣纸为原料制作加工纸，以康熙、乾隆时期为最盛。著名纸品如梅花玉版笺，始自康熙年间，乾隆年间有仿制。此纸为精细皮纸质地，较厚重，呈斗方形，表面涂白粉，再加蜡，经研光，并用泥金绘冰纹，间以梅花，右下角钤“梅华玉版笺”印。清代御用泥金粉蜡笺，经染色、填粉、加蜡、研光之后，其泥金银所绘云龙纹、山水、花鸟、折枝花、博古等图案，一般多出于苏州织造署或北京京西如意馆御用画师之手，精致美观。如与墨迹相互映发，更增其色。明清时期尚有砑花纸，为继承前代技术所制，一般取较坚韧的本色皮纸为原料，或将纸染色，并加蜡，后用刻有画稿的木模压制，遂在纸面形成凹凸状的暗纹。这些笺纸在今故宫博物院有许多优秀的藏品。（图Z－15）

明清时代制造仿古纸品种主要有薛涛笺、金粟山藏经

图Z-15 明代瓷青纸 安徽省博物馆藏

纸和明仁殿纸等。薛涛笺本为粉红色小纸，不做过多加工，后经历代仿制，性质有所改变。明代仿薛涛笺据方以智《物理小识》记为“矾潢云母粉者”，可知此仿薛涛笺上已洒有云母粉，并经“矾潢”技术处理，则与唐代薛涛笺有很大差别，实际上已是另一种笺纸的创造了。清代仿薛涛笺有制成长方形小纸的，纸下角印有篆体“薛涛笺”字样。金粟山藏经纸明清均有仿造，多产于徽州。但与此同时，原金粟山藏经纸仍有不少流传于民间，人们多将此纸一层层揭下，用来作画写字，也常用作书画引首。元代明仁殿纸系以金粟山藏经纸为模式而制造，清代也有仿造此纸者。乾隆年仿明仁殿纸较元代厚重，可揭开为三四层，纸面洒金、加蜡，并泥金绘如意纹，加工技艺已相当高。除此以外，明清时期仍有仿澄心堂纸。但由于这一时期的宣德纸、泾县纸等质量已超过澄心堂纸，所以澄心堂纸的仿造已不如前代为盛。清代乾隆年间仿澄心堂纸所用原料、纸的厚度、大小等与五代澄心堂纸相当，但大多已经染色、施粉、加蜡，有的还泥金绘山水、花鸟等图案，其性质已是在澄心堂纸的基础上有所创造的笺纸了。

明清时期绘画用纸虽大量应用生纸，但如笺纸等熟纸也经常为画院画家等人使用。由生纸变为熟纸的关键技术是加矾，一般为在纸浆中加入胶矾。但明代屠龙《纸笺》又介绍一种“染纸作画不用胶法”，并说明了应用这种技术所加工的纸对于绘画的妙处。其曰：“纸用胶矾，作画殊无生气，否则不可着色。开染法以皂角捣碎，浸清水中一日，用砂罐重汤煮一炷香，滤净调匀，刷纸一次，挂干。复以明矾泡汤加刷一次，挂干。用以作画，俨若生纸。若安藏三二月更妙。”可知用此纸作画，兼具生纸和熟纸的优良性能，既利着墨，又能作着色画，可能为一种半生半熟纸。

明清笺纸加工精细，手段丰富，有时并采用赤金、白银等贵重金属，所制纸精致美观，本身就是极为珍贵的艺术品。这种对纸的精制与欣赏古已有之，但在明清时期达到极致。部分画家甚至以优质名纸作画相尚，遂将纸品上升到了与画品、人品相统一的高度，充分体现了中国文化的性情化特征。（图Z-16）

此外，明清时期由于制纸技术的发展，以及纸品鉴藏风气日盛，纸类著述也很多，有的主要论述制纸技术，也有从鉴定和赏玩方面来谈的。其中重要的有明宋应星《天工开物·杀青》、明屠龙《纸笺》等。《天工开物》“杀青”一

图Z-16　清代印花团龙粉红蜡笺 安徽省博物馆藏

图Z-17　明代宋应星《天工开物》造纸流程插图之一

章较详细地记述了明代竹纸的制造过程，并附带记述了皮纸的制造技术。该书附以技术图解，尤其所述造竹纸技术经过，十分详细，包括产地、采料、截断、漂浸、去皮、蒸煮、漂洗、捣碎、配浆、加药、制帘抄纸、压榨去水、焙干、整齐、切纸等步骤，并对一些设备如焙纸墙、纸帘等进行了详细记述和研究，在造纸以至科技史上有重要价值。《纸笺》为屠龙所著《笔墨纸砚笺》中专论纸的一节。其中对纸的种类、名目、产地、特点等作了详细介绍，并介绍了几种古纸的制作方法，尤其对明代纸的记述真实可信，是研究明代纸的重要资料。此外，明人曹昭所著《格古要论》、王佐所著《新增格古要论》、清人黄兴三《造纸说》，以及江西等各处地方志，也有许多关于明清纸的制造技术和鉴赏方面的重要论述。（图Z－17）

肆　砚史

一、初创期的研磨器

“研磨器”作为一种器物的功能性称呼，在史前及先秦时期的绘画和书写活动中，一直用来调制颜料，称作“研”。当时，绘画所用颜料多为天然的矿物质，质地坚硬而粗糙，因此研磨器必须适应颜料的这种天然原始特性，也多为较坚硬的石质材料，由磨板和研石（磨棒）相互独立的两部分组成，使用时以研石在磨板上采用碾压等方式使颜料致细。

东汉许慎《说文解字》释研曰：“研，䃺也。”䃺，即石磑，也就是石磨盘。作为“砚”的滥觞，“研”与“砚”有其形态上的差异。这种差异来源于使用功能的变化，并体现了人们手工技艺的进步。同时，由此而引发的器物形制的改变，以及由其形制和用法所决定的人们对于事物文化性认知的变迁，反映了中华民族先民们所具有的浓厚人文特性的造物观。

在史前及先秦时代，作为调制颜料的用具，研磨器以附属研石（磨棒）的形态被广泛应用,首先取决于它的功能性需要。史前绘画颜料一般为矿物质粉末，这种粉末性态的颜料，是由各色块状岩石或土块磨制而成的，这些原料在《山海经》、《水经注》等典籍中有大量记载。正是由于制作颜料的岩石或土块较坚硬和粗糙的特性，史前人类主要以石料制作研磨器。使用时，将颜料置于研板上，以研石撵压、研磨，使原料致细，然后附加其他调和的手法完成颜料的制作。同时，有些也直接以手握稍大的颜料石块，在研磨器的磨盘上研磨。这种研磨器，近年来在新石器时代遗址考古发掘中有很多发现。一九七九年陕西临潼姜寨仰韶文化遗址中，出土了其上搁置着数块黑色天然颜料的盖板研磨器，并附有研石。此外，陕西宝鸡北首岭、河南陕县庙底沟、河南新郑裴李岗、河北武安磁山、河南安阳后岗、甘肃广通半山、宁夏贺兰暖泉、山东滕县北辛、辽宁沈阳新乐、新疆喀什，以及内蒙古等地均有研磨器的发现。这些研磨器大多存有磨盘、块状或棒状研石，以此组合成一套，也可见当时颜料较为粗糙，需捣砸、压磨才可致细。有的磨盘有盖板，磨盘样式有平底、带足底、三角形、马鞍形和不规则长形、圆

图Y-1　新石器时代石研磨盘和赤色颜料块　中国国家博物馆藏

形等。盘面凹槽深浅不一，有的有两个深槽，有的为平面，其用法应当有所差别。宋苏易简《文房四谱》载："昔黄帝得玉一纽，治为墨海，其上篆文曰：帝鸿氏之研。"此说未必可信，但当时除普通石质研磨器外，也可能有用玉石制作的研磨器。（图Y-1）

到了先秦时期，虽然绘画材料因技术的进步而出现了墨，但因早期的墨块较松脆，不可手持，仍须采用磨石压磨的方法，与此前磨制颜料的方法基本一致，所以研磨器仍然是绘画调制颜料和墨的重要用具。宋苏易简《文房四谱·砚谱》记曰："伍缉之从征记云，鲁国孔子庙中有石砚一枚，制甚古朴，盖夫子平生时物也。"此虽称石砚，但推测也当为一种普通研磨器。一九七六年安阳殷墟妇好墓曾出土玉质调色器一件，底部平缓，背面刻有精细的鸟纹。这件调色器虽然并非绘画用具，但在当时是与绘画用研磨器的形制和功能基本一致的。由此可知，那时的研磨器和调色器，在注重实用的同时，已开始讲究材质的贵重和装饰的精致了。

二、从"研"到"砚"的转型

从"研"到"砚"的转型，是秦汉时期绘画用具发展的重要事件之一。名称的变化，不仅体现了具有同一功能的器具的新形态得以确立，而且在这种形态的变化中，体现着材料使用在品格方面的更多要求。正是由于人造墨的创始，以及秦汉之际墨模的发明和用胶和墨技术的出现，使研墨方式得到改变，并最终促成了史前以来被称作“研”的研磨器，一变而为被后世称为“文房四宝”之一的“砚”。

这种从“研”到“砚”的转型，也经历了一个逐渐演变的过程。制墨技术在东汉前后发展迅速，人们发明了墨模并开始用胶和墨，使墨有了较为规整的形体，硬度也大大增强。这样，墨块可以拿在手上直接在研磨器上研磨，而无需借助研石，研石遂逐渐被淘汰。这种淘汰了研石的研磨器，被通称为“砚”。同时，直接研墨的方式，对磨盘质量也提出了更高要求。为适应这些变化的要求，这种曾经称为“研”而后被称为“砚”的器具，在材质的品性上开始追求更加细腻精致，材质的种类也越来越丰富。（图Y－2）

“砚”这一名称的使用，始于西汉。汉刘熙《释名》曰：“砚，研也，研墨使和濡也。”这个释义表明，在功用方面，“砚”与“研”一脉相承，甚至在“砚”这一名称最初出现的时候，实际上也指“研”。如一九八五年连云港陶

图Y-2　西汉漆盒石砚 中国国家博物馆藏

湾西郭宝西汉墓曾出土木盒石砚，该墓出土《衣物疏》称其为“板砚”，而一九九三年连云港东海尹湾西汉墓出土椭圆漆盒石砚，该墓出土《衣物疏》称其为“板研”。只是由于后来，特别是东汉以后所研墨的形质变化，使得研磨的方式逐渐改变，并最终促成研磨器淘汰了研石，转变为仅保留磨盘功用的新的样式。与此同时，“砚”这一名称也逐渐代替“研”的称谓，开始通行起来。这一过程中，研磨方式的变化，在于附带研石的研磨器，其功用主要是将颜料或墨碾压致细，之后再以水调和；而不附研石的砚，则是直接以墨锭在磨盘上加水研磨而成墨汁。这种使用方式及功能的变化，随后也促使砚的结构发生改变。《说文解字》释砚曰：“砚，石滑也。”即表面光洁的石盘。可见，由于研磨器在使用方式上由以碾压为主向以研磨为主的变化，研磨器的磨盘表面逐渐趋于平滑，研磨器本身石质的特性也更加受到重视。因此可以说，汉代及其以前的研磨器，是砚的初期形态。东汉时研石的消失，是砚的重大变化，标志着砚的形制的正式确立。基于这种理解，在很多情况下，我们也将早期的“研”以“砚”相称。

秦汉时期，由于用笔直接书写的记事方式已经普及，人们对砚的需求也大大增加。当时的研磨用具在东汉以后虽然已经完成了由“研”向“砚”的转变，但那时人们日常仍主要使用初期形制的研磨器。与此前时代比较，这些研磨器在样式、材质和装饰等方面已经有了很大进步。（图Y－3）

这一时期，处于过渡之中的秦汉砚（研）造型已渐趋规则，主要形成圆形、长方形两类，另有少量凤尾形和其它不

图Y－3　东汉鎏金兽形铜盒石砚 安徽省博物馆藏

规则形。圆形砚自战国晚期已出现，至秦汉时更加规整，一般为石料制成，少数为陶质，砚面有的有小水池（砚池），并附研石和盖。秦及西汉时的圆形石砚形制简单，一般仅为一圆形底石，附以研石，如湖北江陵凤凰山西汉墓出土的圆石砚。东汉时，圆形底石下加三足的三足圆石砚增加，有的砚面墨堂和水池变化为长方形或椭圆形。一九五六年安徽太和县李阁乡汉墓出土双龙三足圆形石砚，可说是西汉三足圆石砚中的精品。长方形砚的形制在西汉和东汉变化不大，一般带有髹漆木盒，称木盒石板砚或板砚。由于这种板砚常伴随出土铜镜、镜奁、粉盒、梳篦等化妆用具，砚面也曾发现有残留墨迹和其它颜色，因此这种板砚被认为也可能同为汉代化妆用具，因此较早时也称其为“黛板”。其样式为盒盖一端有圆孔（有的无孔），为放置研石用。盒底与盒盖圆孔对应的一端有正方形或圆形凹槽，内置研石。其余大段长方形凹槽内置石板一片。江苏连云港陶湾西汉西郭宝墓和东海尹湾西汉墓出土板砚、山东临沂金雀山周氏十一号墓出土板砚、江苏邗江姚庄西汉墓出土板砚、安徽寿县马家古堆东汉墓出土板砚等，均属这种类型。此外，江苏邗江姚庄一零一号西汉墓出土一漆砂砚，平面呈凤尾形，前端为半椭圆形盝顶式砚盒，可储墨，后端为梯形砚池，稍倾斜，设计奇巧。同墓出土木砚一件，形制也比较独特。一九五五年出土于广州华侨新村汉墓的十二峰陶砚，则是汉砚的另一著名品类。此砚以环居砚面的十二座山峰，和山峰下负石巨人的生动形象，成为汉砚中的奇品。（图Y-4）

由以上材料及各地出土秦汉砚可知，秦汉砚材较以前有所拓展，除石质（有细砂岩和岩石）以外，尚有漆砂质、木质、陶质等。秦汉砚仍以实用为重，但在装饰上较前有很大发展，大多砚都配有精致的砚盒。木质砚盒多髹漆彩绘，精致美观。有的铜质、石质砚盒铸造、雕刻成各种兽形，并鎏金、线刻装饰，精致华美。十二峰陶砚、江苏邗江姚庄汉墓木砚，本身就是雕刻精美的汉砚奇品。这种砚的装饰，是秦汉时期重器观念和审美风尚的体现。

三、形态的奠定和工艺的进步

东汉时期研石的淘汰，标志了现代砚的形制的确立。那么，随后的魏晋南北朝时期，必然成为这种新形制的砚进一步完善和发展的关键阶段。

魏晋南北朝时期的砚仍以方形、长方形、圆形居多，

图Y-4　汉代十二峰陶砚 故宫博物院藏

其后又有类似椭圆的凤池砚。但与汉砚最显著的不同，除已经不再附带研石以外，砚面的构成也发生了一定改变。由于新形制的砚是以墨锭注水直接研磨成墨汁，因此在磨盘旁边，需要凹下的区域以承接墨汁，因此形成墨堂、墨池等重要构造。汉代形成的圆形三足砚，也逐渐向多足砚转化。方砚中的名品，现在所见以一九七零年出土于山西大同北魏皇宫遗址的石雕方砚最为精美。此砚四足，皆方形。砚侧、砚缘及四足满布精细雕刻。整体造型庄重、浑厚。故宫博物院所藏北齐武平五年造像石砚，长方形，系以造像底座改制而成，砚侧仍保留原造像题记，颇具特色。圆形砚中的名品，当以出土于南京太平门外西晋墓中的越窑青釉三足瓷砚最有代表性。此砚砚面微上凸，三足兽蹄，釉色青绿，造型简洁朴素，端庄大方，形制已显辟雍砚的雏形。与此砚形制类似的还有故宫博物院所藏西晋青釉三足瓷圆砚，灰白胎，砚身及底施以光洁的青釉，兽形三足呈鼎力状，也是当时越窑制品。另外，河北望都汉墓壁画、北齐扬子华《北齐校书图》及顾恺之等人绘画作品中也描绘有当时各式砚。北宋米芾《砚史》记曰：“晋砚见于晋顾恺之画者，有于天生叠石上刊人面者；有十蹄圆铜砚，中如鏊者。余尝以紫石作之。有

图Y-5　北齐武平五年造像石砚 故宫博物院藏

上圆下方，于圆纯上刊两窍，置笔者；有如凤字两足者，独此甚多，所谓凤凰池也。盖以上并晋制，见于晋人图画。”《砚史》并载有宋人所收王羲之砚，“其制与晋图画同，头狭四寸许，下阔六寸许，顶两纯皆绰慢，下不勒成痕。外如内之制，足狭长，色紫，类温岩。中凹成臼”。所收智永砚，“头微圆，又类箕像，中亦成臼矣”。又参政苏文简家藏唐画《唐太宗长孙后纳谏图》中，绘有宫人于玛瑙盘内，托一“圆头凤砚”，似晋制。从以上记载，可知当时砚的形制，除方形、长方形、三足圆形以外，尚有十蹄圆形、上圆下方形、凤字形、箕形等多种形制，砚饰也有人面纹样等类型。（图Y-5）

魏晋南北朝砚的材质，除前代已有的石质、铜质等以外，上述瓷砚则是此时期出现的新品种。由于瓷器工艺的进步，出现青瓷、白瓷、褐瓷砚，并兴盛一时。瓷砚砚面一般不施釉，利于研墨。米芾《砚史》记杭州龙华寺收梁传大夫瓷砚一枚，“甚大，磁褐色，心如鏊。环水如辟雍之制。下作浪花擢环，近足处。而磨墨处无瓷釉，然殊着墨”。这方砚也应是早期的辟雍砚形制。现今传世或近年出土的此时期瓷砚也不在少数，除上述两件三足圆形瓷砚外，一九七五年出土于湖北鄂城西晋墓的青瓷水丞钮盖砚、一九五八年安徽马鞍山晋墓出土三熊足圆形瓷砚、故宫博物院所藏青釉多足瓷砚、上海博物馆所藏青釉辟雍瓷砚、中国国家博物馆所藏白瓷多足圆砚等，也是那时瓷砚中的上品。此外，据西晋张华《博物志》所记："天下名砚四十有一，以青州红丝石为第一。"可知著名于世的红丝石砚，至迟在西晋时已经出现。而东晋时期江西庐山出产的金星宋石砚、温州华严尼寺岩石砚，此后也一时成为石砚中的名品。（图Y-6）

图Y-6　西晋青釉三足圆形瓷砚 故宫博物院藏

四、石砚名品的大量涌现

石砚名品的大量涌现，是隋唐时期砚业发展最突出的成就之一。这时期经济、文化繁荣，随着绘画及书法的发展，以及墨、笔等书画材料、用具的进步，砚的制作与使用也进入了十分兴盛的阶段。这一时期，著名石砚品种如端、歙等相继出现，成为唐代及后世最主要的砚品而闻名天下。

在纸、笔、墨进步的同时，人们对砚的使用性能提出了更高要求，必然促使在砚材上新的探索。由于这时已完全采用墨锭研墨，诸如砚面细腻、滋润、发墨快，所出墨“沉而濡纸”等，都成为这时砚材品质追求的主要目标。隋唐以前，除原始的普通石质研磨器外，也有一些优质砚石如红丝石、金星宋石等用作制砚。尤其西晋时期的青州红丝石砚出现并逐渐著名，其优良的品质和优美的色泽一直享誉不衰。红丝石主要产于青州黑山与临朐老崖崮两地，以其石色有赤黄斑纹，纹如刷丝，萦绕石面而得名。宋代唐彦猷《砚录》中以其为天下第一，发墨不减端溪。柳公权也曾将红丝石砚列为第一名砚。今山东省博物馆藏有唐代红丝石箕形砚一枚，红地黄斑，圆头，前低后高，后有两足，造型简朴大方，轻巧优美。唐代前期，端石尚未普及，歙石尚未发现，因此红丝石砚几乎独领风骚。其后，新的优良石质品种不断涌现，使唐代后期出现了石砚纷呈的繁荣景观。这一时期相继发现的优质砚石除端石、歙石外，另有洮河石、紫金石、龟石、贺兰山石、修水石、天坛石、金音石、易水石、稠桑石等。用这些石材所制砚也各以其石为名。

端砚石材于唐初武德年间（六一八～六二七年）开始出产于端州（今广东肇庆）一带。此地有端溪流过，沿溪有斧柯山，端石即产于此处。以石出位置不同，端石可分为下岩、中岩、上岩、龙岩、半边山岩、蚌坑岩等。宋人撰《端溪砚谱》云："龙岩盖唐取砚之所。后下岩得石胜龙岩，龙岩不复取。"可见龙岩为唐最早取石之处，后开采下岩，著名者如大西洞。端石石质以下岩最佳，中岩、龙岩、半边山岩次之，上岩又次之，蚌坑岩、后砾岩最下。《端溪砚谱》、米芾《砚史》及赵希鹄《洞天清禄》曾详述各岩优劣特性，云下岩明莹石嫩，色青紫，温润，着墨快，扣之清越，磨墨无声。下岩石居水底，得之极难，唐末开采已渐稀少。上岩石性干紫，色深，理粗，性硬，石并有眼，贵翠绿圆正。《端溪砚谱》曰唐诗人李贺"有端州青花石砚歌，盖自唐以来便以青眼为上，黄赤为下"。可见唐代端石砚开采、制造、使

用之后，人们对该砚品性贵贱，已有了精细的评价。这种品评砚的风气，到宋代及以后更有进一步发展。（图Y-7）

歙砚石材最早开采于唐开元年间（七一三～七四二年），取自歙州（今安徽歙县）婺源一带。此地有龙尾山，又名罗纹山，在婺源县长城里。宋唐积《歙州砚谱》记曰："婺源砚，在唐开元中，猎人叶氏逐兽至长城里，见垒石如城垒状，莹洁可爱，因携以归，刊粗成砚，温润大过端溪。后数世叶氏诸孙持以与令，令爱之，访得匠手斫为砚，由是，山下始传。"这段传说，记载了歙砚开采的缘起。而歙石砚坑自开采后，"延蔓百余里，取之不绝"（宋《歙砚说》），有的砚坑也有断续更替。主要砚坑有眉子坑、寨头坑、水絃坑、溪头坑、金星坑等数十处。宋苏易简《文房四谱》谓歙砚曰："其砚色黑，亚于端。若得其石心，则巧匠就而琢之，贮水之处，圆转如涡旋，可爱矣。"这是就事实而言。但与端溪砚相比，歙石砚具有自己的特色，这种特色在宋人那里得到了更加深入的研究。

洮河砚石唐代始出于洮州（今甘肃临洮，唐代后期属吐蕃境内）附近的洮水之中。此石质细色雅，有绿洮、红洮之分。宋赵希鹄《洞天清禄》曰："除端歙二石外，惟洮河绿

图Y-7　唐代石渠端砚 台北故宫博物院藏

石，北方最贵重。绿如蓝，润如玉，发墨不减端溪下岩，然石在临洮大河深水之底，非人力所致，得之为无价之宝。”洮河砚由于石料开采极难，故时断时续，传世品很少。紫金石砚材唐代出于青州临朐，与红丝石同出一地。因其色紫，质地润泽而得名。宋李之彦《砚谱》云：“青州紫金石，状类端州西坑石，发墨过之。”这是对紫金石砚的高度赞誉，可见此砚与端砚性质相近。唐代时临朐还出产一种天然龟石，状扁平，即椭圆形，呈龟状，因得名。其石质细嫩润滑，有黄褐、灰白、赭红等色。可击石两半，做成带盖的龟形砚，当时也比较名贵。今国家博物馆藏有唐代临朐所出龟形石砚一枚，有盖，平座，龟为爬行状，形象朴拙，为唐砚珍品。除青州、缁州两地外，山东其它地区也多出砚石，所制砚统称“鲁砚”，在唐代十分著名。（图Y－8）

此外，贺兰山砚石始出于晚唐，主要位于贺兰山麓的笔架山一带，有紫底、绿彩、三彩等，并有各式纹理。其石质细润紧密，适于发墨，为制砚的上好材料。修水石唐代出于江西修水一带，色以赭黄为主，也有绿色，凝重雅丽。雕琢成砚，发墨细腻，入研无声，曾称“贡砚”，清道光皇帝始赐名“赭砚”。天坛砚石于唐代开元年间始出于怀州（今河

图Y-8　唐代临朐龟形石砚 中国国家博物馆藏

南济源一带）王屋山天坛峰下。此石质朴古雅，发墨保湿，历代文人多有称赞。金音砚石唐时出于忠州（今重庆忠县）东南一带。其石质坚硬，色黑，润泽光滑，触之如玉，击之有金石之声，故名。传说李白流放此地时，十分喜爱此砚。易水砚石唐时出于易州，石色紫，彩色柔和，质刚而细，发墨颇佳，当时与此地“易墨”同享盛名。另据苏易简《文房四谱·砚谱》所载，稠桑砚石也是于唐代元和年（八零六～八二一年）初期，由名曰诸阮的人发现并首先制成砚的。

五、多种砚材与砚式并现其美

隋唐时期的制砚材料，除石质外，其它新的砚材品种也有增加。砚的形制愈加丰富，制作工艺也不断提高，在砚的发展史上已臻于成熟和趋于完善。这一时期，除大量优质砚石被发现并用于制砚外，澄泥砚、石末砚、瓦砚、砖砚也以其优良品质开始享有盛名。此外，隋唐以前已出现的瓷砚、金属砚、普通陶砚、漆砚、玉砚等的制造也有一定规模。

澄泥砚是始于唐代的特殊陶砚品种，是人们在使用陶砚的过程中，因不满于一般陶砚粗糙、松脆的缺点，改进加工技术的产物。柳公权论砚曰："蓄砚以青州为第一，绛州次之。后始重端、歙、临洮。及好事者用未央宫铜雀台瓦，然不及端，而歙次之。"此处所说绛州（今山西新绛），即唐代澄泥砚的出产地。澄泥砚的制法，宋苏易简《文房四谱·砚谱》中有较详细记述。其曰："作澄泥砚法：以墐泥令入于水中，挼之，贮于瓮器内。然后别以一瓮贮清水，以夹布囊盛其泥而摆之。俟其至细，去清水，令其干，入黄丹，团和溲如面。作二模，如造茶者，以物击之，令至坚，以竹刀刻作砚之状，大小随意。微阴干，然后以刀手刻削，如法曝过，间空垛于地，厚以稻糠，并黄牛粪搅之而烧一复时。然后入墨蜡，贮米醋而蒸之五七度，含津益墨，亦足亚于石者。”制作澄泥砚的关键步骤，是要将泥以绢袋裹后，于河中淘至数年，使泥至细。因此与普通陶砚相比，澄泥砚质地坚实细腻，滋润胜水，不亚于石。因制作工艺和加料不同，澄泥砚有黄、青、绿、紫、朱等不同颜色。关于澄泥砚的产地，明人说：“虢州澄泥，唐人品砚为第一。”此虢州（今河南灵宝）澄泥，实与绛州澄泥为一系，只是所产区域稍有不同。今台北故宫博物院所藏唐代澄泥蚕纹六螭石渠砚，砚边及砚侧分别雕刻有蚕纹和螭纹，制甚端庄，曾为清代《西清砚谱》著录。（图Y-9）

石末砚唐时出于青州，系以石研为末，经黏合、雕刻等工序后烧制而成。明代曹昭撰、王佐增补《新增格古要论·古砚论》曰：“青州、潍州石末砚，皆瓦砚也。其善发墨也，非石砚之比。然稍粗者，损笔锋。石末本用潍水石，前世以记之，故唐人惟称潍州。今二州所作皆佳，而青州尤擅名于世矣。”此处所说潍州，指明代莱州府潍县，唐时属青州，故石末砚产地，实即青州潍水一带。但因此砚质稍差，故流传不广。

瓦砚、砖砚，系唐代开始以秦汉时期宫殿废弃的瓦、砖

图Y-9　唐代澄泥蚕纹六螭石渠砚 台北故宫博物院藏

图Y-10　唐代铜雀台瓦砚 台北故宫博物院藏

改制而成的砚品。这些宫殿砖瓦质地细密坚硬，光洁润滑，适于研墨，故以此制砚成为风气。主要有铜雀台瓦砚、未央宫瓦砚、长乐宫瓦砚、石渠阁瓦砚、冰井台瓦砚、阿房宫砖砚、未央宫砖砚等，其中以铜雀台和未央宫瓦砚最著名。苏易简《文房四谱·砚谱》曰："魏铜雀台遗址，人多发其古瓦，琢制为砚，甚工，而贮水数日不燥。世传云：昔人制此台，其瓦俾陶人澄泥以絺滤过，加胡桃油，方埏埴之故，与众瓦有异焉。"这种说法，基本上代表了以上瓦、砖砚的特色。明曹昭《格古要论·古砚论》也说："铜雀台瓦入水经年之久，故滋润发墨。""未央宫瓦亦注水经久不涸。"都表明了这些古瓦砚、砖砚的性质特色。而唐代诗人吴融所作《古瓦砚赋》有句曰："陶甄已往，含古色之几年。磨莹俄新，贮秋光之一片。"则是对当时古瓦砚的由衷赞美。但秦汉宫殿瓦砖毕竟有限，因此流传不多。（图Y-10）

瓷砚、金属砚、陶砚、漆砚、玉砚都是隋唐以前就存在的砚材品种。随着陶瓷、金属等工业的发展，这种材料的砚到隋唐时制作更加精致。瓷砚、陶砚在唐代也十分流行，多圆形多足，产地不一。瓷砚有青瓷、三彩等。金属砚仍以铜砚为主，另有铁砚等。

隋唐砚的形制有很多，初期多足砚最流行，盛唐以后，箕形砚成为主流。多足砚又称足支砚，是由两汉、魏晋南北朝时期盛行的三足圆形砚发展而来的。南北朝时期，三足砚已开始演变为四足、五足、七足、十足等，至唐代时有的甚至增加到二十多足。砚足的增加，实际上象征着其对砚的支撑作用愈以减弱。因此，当砚足增加至二十多个时，逐渐演变为多足联为一体的圈足，多足退化，仅成为装饰。因此，这时的多足砚也称“圈足砚”。如现存有一九五二年安徽无为县出土隋代赭釉多足辟雍瓷砚，湖南长沙出土隋代青瓷多柱足辟雍砚、河南白沙出土唐代十七足邢窑圆形辟雍砚等。天津市文管会藏唐代二十六足白瓷圆砚，足下以圈相连，端庄敦厚。日本大阪道明寺藏青白釉圆形百足瓷砚，釉色透明，墨堂平整宽畅，墨池较深，制作十分精致。而故宫博物院藏邛窑多足瓷砚，砚面微凹，与上述圆形砚有所不同。这种砚足样式的变化，和人们伏案作画或书写时姿势的变化有关。唐初以前，多席地跽坐，案较低，砚多有足支撑。唐代开始，逐渐演变为垂足而坐，高案高椅出现，案面与人头部相对高度减小，已经不再需要砚足支撑以抬高砚堂，于是砚足逐渐退化或消失。（图Y-11）

图Y-11　唐代青白釉圆形百足瓷砚 日本大阪道明寺藏

图Y-12　唐代端石箕形砚 上海博物馆藏

多足砚之后，箕形砚流行。箕形砚是由魏晋时期的凤池样砚演变而来的，形状为两端翘起，前端较窄，有的略呈弧形，后端较宽，呈扁方形，下有单足、双足或梯足支撑，整体状如簸箕，故名。如前述山东省博物馆藏红丝石箕形砚，即唐代箕形砚中的优秀作品。另有合肥市文管会藏箕形歙砚，两端起翘幅度平缓，造型平实，亦不失为佳作。另有一些陶制箕形砚，也甚精致古朴。斧形砚、风字砚均以其状似斧头或风字而得名，形制与箕形砚近似，只是两端均方形。另有兽形砚、八棱形砚等，较少。隋唐砚注重造型的变化，极少雕饰，体现了其时代的古朴风格。（图Y－12）

六、精制与品格化的时代

唐末五代至宋，随着徽墨的崛起并渐入兴盛，砚业的发展也进入更加成熟和繁荣的阶段，四大名砚地位的相继确立，更为砚这种文房用具在实用之外的欣赏功能的加强提供了更大支持。这时期的砚从选材、制作到使用都更加考究，促进了文人自制砚及其鉴藏风气的形成，从而使当时的砚业具有了更加浓郁的文人化特征。“文房四宝”的名称，就是在这种文人化风气中出现的。

石砚名品自唐代大量涌现以后，宋代更加普及，成为砚的主流。除唐代已有的红丝石砚、端砚、歙砚、洮河砚、紫金石砚等以外，一些新的石砚品种也相继被发现，如始出北宋的山东蓬莱以北鼍矶岛鼍矶石、荆湖潭州谷山石，以及始出南宋的贵州巩县思州石等。宋人之所以普遍使用石砚，一方面固然由于石砚易得，具有坚固、耐用等特性，但更重要的是石砚品性优良，发墨效果好，能更好地适应当时绘画技法的精致化和纸、绢、墨等材料发展对墨的要求。人们在石砚使用过程中，逐渐积累了丰富的辨别石质和研墨经验，认识了不同石质具有的不同使用特性，如“着墨不渗”、“不滞墨”、“磨墨不热、无泡”、“发墨生光如漆，如油”、“发墨不乏”、“贮墨不干”等等。这种对用砚特性的掌握，对绘画中使用不同墨色的要求有很大帮助，有利于促进绘画技术的进步。

五代砚基本延续唐砚形制，以箕形为主。两宋时期，砚的形制趋于多样化。各地砚匠在制砚过程中，根据当地砚材优势，各展才艺，分别制作了许多不同种类的砚式。如《端溪砚志》所载端砚样式即有风字样、凤池样、斧样、钟样、圭样、琴样、月样、吕样、马蹄样、双鱼样等四十余种。

《歙州砚谱》所载歙砚样式也有端样、玉堂样、月样、龙眼样、圭样、瓜样、辟雍样、天池样、风字样、琴样等四十余种。而宋代最典型的砚式，即著名的抄手样，或曰插手样。这种砚式即将砚背部由前端向后端挖空，前端与两侧留边，既可放置平稳，又利于以手插进底部，托起砚台，因以得名。一九九四年南京陆营宋墓出土一方端石抄手砚，整体长方形，砚面后倾，前端开口，以供抄手，造型简洁明快，清秀端庄。特别是其砚面倾斜，形如箕底，保留了箕形砚的部分特征，可说是由箕形砚向抄手砚形制过渡的典型样式。上海博物馆藏古桃州风雨端砚、安徽省博物馆藏长方形鸜鵒眼抄手砚，以及天津博物馆藏歙石抄手砚、洮河石抄手砚等，则是典型的宋代抄手砚式。（图Y－13）

此外，今故宫博物院藏宋代应真渡海图洮河石砚，通体雕饰不同图案，砚面浮雕“兰亭全景图”，描绘东晋王羲之等文人兰亭雅集场景，砚侧雕饰佛教故事“应真渡海图”，砚底雕刻云龙图案。其雕工精细，形象生动，是宋砚中并不多见的雕饰丰富的名石佳品。由此可见，宋砚造型总体特征是朴素大方，实用雅观，形制上仍十分注重样式的变化，但雕饰与唐代相比已渐趋丰富。（图Y－14）

图Y-13　宋代歙石抄手砚 天津博物馆藏

图Y-14　宋代洮河石兰亭砚 台北故宫博物院藏

五代两宋时期除石砚外，其它材质的砚制作也比较精良。如中国历史博物馆藏五代耿诠造箕形陶砚和赵七造青釉瓷砚，故宫博物院藏苏东坡用鹅形澄泥砚和辽三彩印花砚等，都是这一时期的砚中上品。

唐代柳公权论砚以青州红丝石为第一。宋李石《续博物志》也说：天下之砚四十余品，以青州红丝石为第一。自端石、歙石、洮河石出之后，其优良的品质又逐渐被人们充分认识。宋代时，以红丝石砚、端砚、歙砚、洮河砚为序，“四大名砚”名目得以确立。红丝石砚出产最早，在唐代端、歙出产以前，独领风骚，宋代时声誉亦不稍减，仍被视为第一名砚。端、歙、洮河石砚出产以后，以其优良石质也很快享誉。端砚除其色泽滋润，以水岩为贵，发墨效果好以外，又以石品和石眼分出品位高低。端砚石品当时主要有青花、天青、冰纹、胭脂晕、火捺、马尾纹等，各呈不同的纹理和色泽，十分美观。石眼也以圆晕相重，黄黑相间的活眼和多眼为贵。宋代端砚造型简洁，古朴大方，雕刻以深刀为主，粗中有细，形制逐渐趋于多样，曾作贡品。歙砚与端砚相比，宋人以为亚于端溪，而其色泽纹理也十分多样美观。宋代歙砚造型总体也古朴雅致，端庄大方，雕刻简略，以浅刻为主，石品当时主要有金星、银星、罗纹、眉子等。洮河砚有红有绿，以绿为上，由于开采极难，数量较少，因而更增其贵。

七、文人自制砚及其鉴藏与著述

唐宋以后，文人对绘画更多的参与，使水墨画法在逐渐兴盛的同时，也将文人的趣味好尚带进了对绘画用材和用具的选择与使用上来。在这种风气下，绘画技法的丰富变化在导致墨等绘画用材被重视的同时，也使砚这种与画面本身并无直接关系的用具更加受到重视。于是，在唐宋及以后砚业取得较大发展的时代，文人自制砚及其鉴藏风气也随之兴盛，“文房四宝”之名出现，大量砚类著述也随之产生。

名家自制砚隋唐已有，到了宋代，苏轼、黄庭坚等人出，将文人自制砚的风气推向高峰。然而由于制砚劳动强度较大，因此多数文人制砚实际上离不开砚匠的配合劳动。

砚的鉴藏自隋唐已经开始，如唐代柳公权即痴于藏砚，并著成《论砚》。这种风气至宋代尤盛，苏轼、米芾等都是当时著名的鉴藏家，对于制砚、藏砚、鉴砚都有十分独到的标准和眼光。相对而言，虽然当时文人自制墨的风气盛于制砚，但墨因材质所限，难于长期保存，因此藏墨之风不如藏砚之风盛。苏轼藏砚，史传以端石、澄泥为多，后又觅得佳歙。今故宫博物院所藏东坡曾用鹅形澄泥砚，鹅正回首以喙梳理羽毛，神形生动。砚整体椭圆形，有紫檀砚盖，亦浅刻一鹅，与砚一致，堪为宋砚中之奇品。苏轼并善于砚上题铭，使砚铭自秦汉以来，主要以纪实文字为主向欣赏性质转变迈出了一大步。如其有砚铭曰："涩不留笔，滑不拒墨，瓜肤而縠理，金声而玉德。厚而坚足以阅人于古今，朴而重不能随人以南北。"又有题李商隐砚曰："蟾蜍爬沙到月窟，隐蔽光明入岩穴。琢磨黝赪出尤物，雕龙渊懿倾澥渤。"这都是对砚的品质的欣赏与赞美。又有铭曰："千夫挽绠，百夫运斤，篝火下缒，以出斯珍。一嘘而泣，岁久愈新，谁具似之，我怀斯人。"这是对采石制砚而发的感想。苏轼制砚尚有石渠砚、龙珠砚、东井砚等砚式，皆极精致，古意穆然。与东坡同时，当时的文人题写砚铭蔚然成风，或记事，或言情，或自勉自嘲，都是与砚的鉴藏风气日盛伴随而生的。米芾藏砚，更为痴迷。何薳《春渚纪闻》记一则故事曰：上一日与蔡京论书，遂召米芾书屏，并以御案上端砚使就用之。书成，芾捧砚跪请曰："此砚经赐臣芾濡染，不

图丫—15 宋代米芾蠡斯瓜瓞端砚 台北故宫博物院藏

堪复以进御，取进止。”上大笑赐之。芾蹈以谢，抱负趋出，余墨沾渍袍袖而喜见颜色，诚颠名不虚。清于敏中《西清砚谱》称米芾有远岫奇峰砚，状为两座山峰，后为赵孟頫所藏。又著录有米芾蠡斯瓜瓞砚和兰亭砚，制皆精美。米芾所著《砚史》，论砚二十余种，皆经手试，也可见其藏砚之富。（图Y–15）

在文人藏砚风气日盛的时代，文人书画用纸、墨、笔、砚等材料、用具均受到空前重视。宋李之彦《砚谱》曰：“李后主留意笔札，所用澄心堂纸、李廷珪墨、龙尾石砚三者，为天下之冠。”又因李后主所藏书画均钤“建业文房之印”，故人又称此三者为“文房三宝”。北宋初期，苏易简《文房四谱》专论笔、砚、纸、墨，后遂有将此四者称“文房四宝”。此时，“四宝”之名，已不专指某四种名品，而泛指纸、墨、笔、砚这四类文房用具了。“文房四宝”名目的出现，不仅表明这四者作为鉴藏对象的重要性，而且也表明了材料、用具对于书画技法运用的重要性，也愈来愈受到书画家们的重视了。

随着藏砚的风气日盛，砚类著述也不断出现。其中影响较大的有苏易简《文房四谱》、米芾《砚史》、高似孙《砚笺》等。其中苏易简所著《文房四谱》详述笔、砚、纸、墨原委及故实，搜考详备，叙述精当。米芾所著《砚史》一卷，首著“用品”，论石当以发墨为上；次著“性品”，论石质坚软；又著“样品”，备列晋砚、唐砚、宋砚样品不同；后记述经手所试名砚品类二十有六，其中端、歙叙述尤详。由于作者广闻博采，识见尤高，故该书考据精确，论述具得砚理。足当文房鉴古之助，在中国砚史上有一定地位。高似孙著《砚笺》四卷，卷一、二分别详论端、歙，卷三略论诸品砚六十五种，卷四为诸家述砚诗文集。该书能备采诸家之说，旁征群籍，叙述有法。此外，唐积《歙州砚谱》及宋佚名《端溪砚谱》、《歙砚说》，考述端、歙，备极详尽。何薳《春渚纪闻》、蔡絛《铁围山丛谈》等书中并有关于文房诸用具的记载和论述，也有一定参考价值。

八、明清时期的三大砚雕流派及宫作

两宋以后，以文人画的盛行为特征的元代绘画用材用具，除了纸地盛行以及湖笔代宣笔而崛起之外，砚业则不及宋代兴盛。尤其唐宋时期十分有名的红丝石砚和洮河石砚，由于开采困难和砚材匮乏，几乎绝迹。元砚形制除雕饰稍浑朴和粗犷外，基本沿宋制。而这一现象到了明清两代，却被彻底打破了。

明清时期的制砚同制笔制墨一样，在注重实用以外，更加讲求工艺的欣赏性。当时赏砚与藏砚之风的进一步兴盛，促使砚的制作更加追求工艺的精巧。砚的雕饰由明至清，也由古朴渐趋繁复多样。砚材除前代已有的以外，一些纯为赏玩品的材料，如水晶、翡翠、象牙、料器等增多。砚的形制除前代已有的规整形制，还出现了根据砚材形状随形雕制的“随形砚”。砚的雕饰也能利用砚材的天然色泽与纹理，运用“巧色”的艺术手法。这些都体现了制砚工艺的一次飞跃。在这种风气促使下，砚的制造在追求材料名贵的同时，其雕饰技艺也形成了不同的地域流派而影响至今。这一时期砚材开采广泛，各地砚匠在雕制过程中，逐渐形成各具特色的砚雕艺术流派，最著名的当数盛行于粤、徽、苏地区的三大砚雕艺术流派及皇家“宫作”。（图Y–16）

粤派砚雕艺术以广东肇庆端砚雕饰为代表，俗称“广作”，明代已有了显著的地方风格，清代以后始成流派。明代端砚雕饰题材主要有龙凤、瑞兽、山水、人物、花鸟、虫鱼、博古图形等，运用这些题材分别雕饰成具有各种寓意的

图Y-16　明代端石鹅形砚 北京艺术博物馆藏（作者摄）

图形，以趋利避邪，求得吉祥喜庆。雕制手法主要以细线和浅刀雕刻为主，间以深刀雕刻，风格古朴，图形饱满，流畅精细，柔中含刚，生活气息浓郁。清代端砚制造规模较明代扩大，佳石迭出，石品更为丰富，如著名的蕉叶白、冰纹、鱼脑冻等都出现在此时期。在雕饰手法上，清代粤派砚雕更加注重线刻手法的运用，通过线条婉转流畅、精细准确的刻画，制造出一种富丽繁华的感觉。但清代粤派砚雕往往失于琐细和堆砌，较之明代缺乏整体感。

徽派砚雕艺术以安徽歙砚雕饰为代表。歙砚由于其砚材为片状板岩结构，不宜于砚侧雕刻，因此歙砚雕饰多集中于砚的正、背两面。徽派砚雕题材正面多为亭台楼阁和山水人物，具有文人情调。手法多以浅刀雕刻为主，间或出现深刀雕刻，但一般不作立体的镂空雕。其雕刻风格简练明快，细腻精致，层次分明。砚边常雕饰以螭纹、夔纹、云雷纹、缠枝纹、几何纹等纹饰，砚背常用浅刀雕刻一些牛羊等动物形象。此外，西北的贺兰山石砚雕艺术与歙派砚雕艺术风格相近，有时也被作为歙派砚雕艺术看待。

苏派也称吴门派，是沿用明代吴门画派名称而来。由于苏松地区明清时代文人画十分兴盛，因此这里的砚雕艺术也受到吴门画派和松江画派的影响，追求雅逸、平淡的文人情调，不作过多刻意雕饰，往往执刀如笔，兴到始作。苏派雕砚形制以随形为主导，略加琢磨，古朴简易，充满自然天趣。而其雕镂则巧中守拙，浓纤合度，一派江南意态。

除以上三大砚雕艺术流派外，清代宫廷设立造办处，征调广东、安徽、苏州及京师等地砚雕工匠到此制作御砚及官砚。这些工匠虽数月轮番，但由于各地工匠长期工作一处，遂将不同砚雕手法熔为一炉，形成砚雕艺术中的“宫作”风格。另一方面，由于造办处制砚多依据皇室喜好，由专人绘出图样，并经主管或皇帝亲自审阅批准后方可雕制，因此“宫作”多合皇家规范，取材雅秀、雕制精巧，具有华贵富

图Y-17　明代歙石瓶样抄手砚（作者摄）

丽的气质。清宫造办处制砚自康熙、雍正时期开始，乾隆年间达到最盛。至咸丰时，由于国势渐衰，造办处停办，宫廷砚雕遂行停止。其后，从宫中流落出来的砚雕匠人在京城各地开设作坊，经营砚业，使“宫作”风格流向民间，余韵所及，至民国年间方渐匿迹。（图Y-17）

九、明清时期的制砚名家及砚类著述

明清时期砚业的繁荣，使制砚名家大量涌现，其中主要有叶瑰、汪复庆、顾二娘、黄易、刘源等。其中叶瑰、汪复庆为歙派砚雕艺术的开创者和重要代表。叶瑰为元末明初时期歙州婺源人，其制砚在当时歙砚发展中有独创性。《婺源县志》记其制砚能“巧悟天授，制多独创，精妙绝伦”，堪为后世之师。汪复庆，为明末清初歙州婺源人，他发扬歙砚雕刻艺术传统，以善制随形砚著称。他能巧妙地根据砚石的色泽、纹理，随机雕琢，有巧夺天工之妙，并善于雕制各种纹饰。《婺源县志》记其雕砚能于“一切翎毛草虫花卉，莫不精工”，这使他成为歙派砚雕艺术的重要代表之一。顾二娘，清代雍正、乾隆年间苏州人，本姓邹，嫁于顾姓制砚世家，得顾家传制砚技艺，成为史载中国古代唯一的女雕刻家。她雕砚能合粤派、徽派及苏派为一炉，大胆创造，形成了自己的独特风格。她琢砚追求于人力中见天工，风格“圆活而肥润”，构思奇巧，又质朴自然。今存其所制洞天一品端砚，形制呈不规则的长方形，上端正中雕云夔纹墨池，俨然千仞壁上一方仙洞，周边雕云夔纹。砚背平素，有多家砚铭题跋。此砚风格苍厚浑朴，充分展现了顾二娘砚雕的巧思与高超技艺。黄易（一七四四～一八零二年）字大易，号小松、秋盦，杭州人，清代著名篆刻家，“西泠八家”之一，又善画山水，得董源法。由于黄易有多方面的修养，因此其制砚精巧秀雅，充满文人气息。其砚又多制铭文，书法以隶、楷为主，均自书自刻。刘源，字伴阮，河南开封人，康熙年间曾官刑部主事。他善画，又精于制墨，所制砚雕刻精细繁缛，精彩华美，体现着清代“宫作”的典型风格。其所制“龙光端砚”，椭圆形，砚首雕二龙戏珠，刻工精细，珠用镶金，有富贵气。墨堂为波浪翻涌的大海，砚背利用石质的天然纹理，也雕为云海翻涌状。正背两面雕饰图样浑然一体，气势恢宏，显示了精湛的技艺水平。除此以外，黄宗炎、卢葵生、顾圣之、顾启明、吴士杰、张钝、梁仪、王玉端、戴清升、谢汝奇等，在明清雕砚也有一定成就。（图Y-18）

图Y-18　清代顾二娘制端石洞天一品砚 故宫博物院藏

随着砚的鉴藏风气日益兴盛，人们对砚的品评也愈益深入精到。这些对砚的研究和体会有许多被著作成文，流传至今的约有三十余种，主要有明曹昭《古砚论》、清朱彝尊《说砚》、清吴兰修《端溪砚史》、《钦定西清砚谱》等。其中《古砚论》为曹昭《格古要论》中的一节，文中对端溪、歙溪龙尾、金星石、银星石、洮河石、铜雀台及未央宫瓦砚的产地、品质、特征、用法予以详明介绍。其探本溯源、辨析精微，有一定的学术价值。《说砚》作者朱彝尊为清代长于金石、经文和诗词的著名学者。本文据作者所见详述端砚的开采、石品等情况，对清代端砚的使用和收藏有重要参考价值。《端溪砚史》作者吴兰修为清代藏砚大家。其所著《端溪砚史》共三卷，详述端砚性能及品质。该书描述生动，系统详备，既有对前人砚论的采集，又阐发个人见解，颇有独到之处。《钦定西清砚谱》为清代乾隆年间于敏中等人奉敕编撰。该书分陶之属六卷、石之属一十五卷、附录三卷共二十四卷，以图文并茂的方式著录清宫旧藏及新收历代砚二百余枚，堪为藏砚的集大成之作。

后 记

“文房四宝”是中华民族独特创造的文化产品，不仅用于书写和绘画，而且其本身的功能和形态特征，也具有深厚的可鉴可赏的文化意义。“文房四宝”指笔、墨、纸、砚四样重要的文房用品。除此之外，文房用品还有多种，像笔洗、笔筒、笔架、笔匣、笔掭、墨盒、墨床、镇纸、砚滴、砚屏、水滴、水丞、帖架、臂搁、印盒等，都是文房辅助用具，不仅种类多，而且式样、材质也很繁复，不可胜述。这本小小册子，也仅简略叙说了笔、墨、纸、砚此四者而已。

“文房四宝”之名的由来，现在一般的考证，追溯到了五代北宋时期。五代南唐后主李煜工于书画，设局造澄心堂纸。此纸光洁致密，声名颇隆。在他的书房，除常用此纸外，并有名品李廷珪墨和龙尾石砚，皆为天下之冠。又因李后主所藏书画均钤“建业文房之印”，遂将此澄心堂纸、李廷珪墨、龙尾石砚称“文房三宝”。北宋早期，苏易简著《文房四谱》，述笔谱、墨谱、纸谱、砚谱，并附述笔格、水滴等，首次归述笔、墨、纸、砚四种文房用具，于是“文房三宝”之名遂演变为“文房四宝”。此时的“文房四宝”，已非专指某四种名品，而是泛指笔、墨、纸、砚四类文房用具了。至于具体何时出现“文房四宝”之名，据笔者所知，至迟是在南宋以前。南宋早期诗人尤袤富藏书，曾将家藏书籍汇编为《遂初堂书目》一卷，其中所录苏易简《文房四谱》即名为《文房四宝谱》。而同时期人洪迈著《歙砚说跋》，称其兄洪适知徽州时，曾揭苏易简《文房四谱》于“四宝堂”，因俗呼此《文房四谱》为《文房四宝谱》，可见“四宝”之名应该在此前就已出现了。而早此一百余年的北宋诗人梅尧臣有《九月六日登舟再和潘歙州纸砚》诗，其中首二句“文房四宝出二郡，迩来赏爱君与予”，已经为此提供了较早的佐证。

何以区区几种书画用具，不仅被视作“宝”，千百年来还被不断叙说，赏玩不尽？这不能不说与中国书画特有的表现方式及其审美要素密切相关，不能不说是由中国文化的特质决定的。据初步考证研究，史前时期原始先民在器物上的图绘，已经使用了软笔。而至迟在战国时期锥状毛笔的出现，已为此后中国书画审美特性的孕育和发展提供了特有的契机。这种内中含水、前端尖细的毛笔写画出来的线条，善于变化而富于难度，以此为笔画、结体多变的汉字书写，以及以线状笔法为魂的中国绘画创造了多种审美的可能性。而这多种审美可能性，反过来又为笔的特性提出了更高的、更加多样的要求。于是，毛笔在一代代中国人手中，制作被不断完善，运用被无尽锤炼。从毫毛捆扎在笔杆外围，到将笔头纳入笔腔，从柱心到无心，从纯毫到兼毫；笔杆从木制到竹制，再到髹漆、错金银、象牙、玉石等等；而各种执笔方法、运用技术，更构成了另外一门技术史，由此可见毛笔在中国人文化生活中的重要性。于是，以笔为宝，不仅对于书家画家，恐怕对于任何一位置身中国文化氛围内的人来说，都会是必然的吧。

同样，墨、纸、砚的发明、选材、制作、使用、赏鉴，无不由中国汉字书写的特有方式以及中国绘画的特性所启发、选择、决定、推动。从普通颜料中分离出来的墨，不仅具有独特的制造技术，更为关键的是，这种以“黑”为基本色相的书画材料，在创作运用中，与中国书画的造型观念相互协同、激荡而得以衍发，最终获得了多种色相的效用，即所谓“墨分五色”，进而枝生出所谓“彩墨”。而不惟书法，即就水墨画法的诞生，离开了墨的这种性能，只能是子虚乌有。纸的发明，特别是书画用纸的品性创造，既与墨的运用特性紧密相关，也与中国书画的技法、观念不可分离。而砚作为书画用具，其唯一所具有的研墨功用，又因为人们对于墨的品质的追求、制砚各具其优的众多材质，加上刊砚工艺的高下及风格，必然成为不止书画家、文人群体，甚至更广泛的人群所珍视之宝。而今，人们书写方式的改变、绘画类型的多样，虽然不可避免地减低了笔、墨、纸、砚的使用范围，然而它们作为“文房四宝”的价值和分量，仍然为人们珍视、保持，恐怕今后也很难被看轻。

小小的文房用品，在很大程度上的确成就了中国大文化，所以历来为人们称赏，颂之于诗赋，著之于史典。魏晋隋唐时期，不少诗文家及科学家即于歌诗文章中记述笔、墨、纸、砚之原委情状。如南朝齐王僧虔与萧子良即有关于笔、墨、纸的赏赞酬答，北魏贾思勰《齐民要术》、晋崔豹《古今注》、王子年《拾遗记》等之中也有此类记述，甚至传说大书家王羲之也著有《笔经》，详述毛笔毫毛采选及笔头制法。其后，隋唐时期以大诗人李白、白居易为代表，不乏诗赞笔、墨、纸、砚者。大书家柳公权也考究笔砚，并著《论砚》详说之。两宋以后，“文房四宝”之名出，歌赞赏鉴之风气日隆，苏轼、米芾更是从使用到自制，考究研发，诗文赞述，称名于世。特别是两宋至今大量专门著作的问世，将笔、墨、纸、砚的记述，推向了更为深广的学术高度。

这册小史，正是基于前人智慧和辛劳的小小成果。册中“四史”，曾分别以《笔史述略》、《墨史述略》、《纸史述略》、《砚史述略》为题，发表于二零零四年第八期和二零零七年第九期《美术观察》、二零零五年第二期《美术研究》，以及吉林美术出版社于二零零二年底出版的《重建美术学——中国艺术研究院美术研究所二零零二年度论文精粹》。而此“四史述略”，则来自于我二零零一年五月完成的博士学位论文《中国古代绘画技法、材料、工具史纲》。二零零五年那段时间，我即有意将此“四史述略”结为一册，配上适当的图片出版，于是特别请我的博士学位导师陈绶祥先生（字大隐）成序一篇。然而，由于我的懒散，更由于我的学力所限，一篇原拟置于“四史”之前的万字《前言》，让我屡次在出书的工程面前望而却步。直到此次出版，这篇《前言》仍然付诸阙如。不过，承蒙张吉霞女士的热情邀约和严厉敦促，这本结集的小史还是要出版了。虽然存此缺憾，但能成一“完史”，也算是满足了我的一个小小愿望吧。是否有俾诸贤，尽管有愿，但也不敢奢望了。

不过，令我感到些许欣慰的是，借此结集出版之机，我对全文又做了一次校正工作，除改写了部分文字、去除了注释、补充了一些材料外，果然还发现不少错误和不当之处，并尽量充分地予以改正。导致这些错误，完全是由于我的学识不够，研究不够透彻，材料不够深入，甚至治学态度不够严谨。亡羊补牢，的确为时已晚，所以在此我只能无奈地对曾经读过我的博士论文，以及读过那四篇“述略”的人们，表示歉意。但是，改正这些错误，并不能表示我自信这册小史已经完美无缺。恰恰相反，通过这个事例，再一次让我坚信了学无止境，也让我不能不怀疑另外的不足仍然存在。所以也恳切期待有缘阅读这册小史的人们不吝赐教，并不客气地加以斧正。

这册小史，初拟名《文房四史》，是因见宋人苏易简有《文房四谱》、蔡襄有《文房四说》，算是欲闻古人脚臭耳。陈绶祥先生作序时，建议我采用《文房四宝简史》之名，平实简明，于是欲遵师说。此次纳入丛书出版，须名

《中国文房四宝小史》，也名实相符，于是欣然相从。书中插图，除随图注明“作者摄”之外，主要取自《中国文房四宝全集》（北京出版社）、中国历史博物馆编集《华夏之道》日文版（朝华出版社）、田洪生编《纸鉴》（山西古籍出版社）、《中国历代艺术》绘画编（上海人民美术出版社）、《故宫博物院藏品大系》绘画编（紫禁城出版社）、《中国法书精粹》（浙江人民美术出版社）、《西清砚谱古砚特展》（台北故宫博物院）、《故宫胜概新编》（台北故宫博物院）、《原色日本的美术》日文原版（小学馆）、《书法丛刊》（文物出版社）等，为简便起见，均未随图注明。这里，在对以上出版物的编集者和出版机构表示感谢之外，特别对我的导师陈绶祥先生表达谢意！没有他的悉心指导，就没有我的博士论文，当然也没有“四史述略”，也就没有这册《中国文房四宝小史》了。另外，也要特别感谢张吉霞女士，她对待工作的热情和为人的真诚，令我尊敬。没有她的敦促，恐怕这个虽不完满的小集子，出版时日仍然遥遥无期吧。

作　者

壬辰清明于竹溪云影楼

主编絮语

关于文化的定义，据说有六百多种。定义，好像总与活生生的生活无关。我觉得，之所以定义多，是因为文化的形态多，所谓的文化形态，就是生活。

文化就是生活。国人喜欢宏大的生活，滔滔如悬河之水，溅起的飞珠，都闪着太阳的光芒，晃得人眼晕。

我远离这种热闹，寻找生活的碎片，些许碎片，散落在各个角落里，或如一珠水滴，飞落花丛，化做蒹葭上一层白霜，令人叹之，咏之，思之不已。

于是，在人们追求大历史时，我选择了“小历史”，这就是“中国小史”丛书的由来。

《中国文房四宝小史》作者是中国艺术研究院的赵权利先生。他对古代士大夫须臾不可离的“四宝”——笔、墨、纸、砚有着独特的爱好，由好之而乐之，故而撰之，这就是这册《中国文房四宝小史》的由来。

现代生活，不要说普通人，就是文人，也是离这“四宝”渐行渐远了。别说毛笔，就是铅笔、钢笔、圆珠笔，也快跟文人说“再见”了。在“文革”时期，这些四宝都被扫进了历史的垃圾堆，就是现在，也快成为文物，仅供收藏了——不由得你不发出一声叹息——书房里传出的噼里啪啦的键盘之声逐渐淹没了纸声、砚声、书写声。

吉霞

二零一四年元月